|\\ 见识城邦

更新知识地图　拓展认知边界

[英]大卫·文森特 David Vincent 著 | 梁余音 译

中信出版集团｜北京

图书在版编目（CIP）数据

隐私简史 /（英）大卫·文森特著；梁余音译 . -- 北京：中信出版社，2020.10
书名原文：Privacy:A Short History
ISBN 978-7-5217-1887-4

Ⅰ.①隐… Ⅱ.①大…②梁… Ⅲ.①隐私权—历史—世界 Ⅳ.①K1

中国版本图书馆 CIP 数据核字（2020）第 083881 号

Privacy: A Short History by David Vincent
Copyright © David Vincent 2016
This edition is published by arrangement with Polity Press Ltd., Cambridge
Simplified Chinese translation copyright © 2020 by CITIC Press Corporation
All rights reserved.

本书仅限中国大陆地区发行销售

隐私简史

著　者：[英]大卫·文森特
译　者：梁余音
出版发行：中信出版集团股份有限公司
　　　　　（北京市朝阳区惠新东街甲 4 号富盛大厦 2 座　邮编　100029）
承 印 者：三河市中晟雅豪印务有限公司

开　本：880mm×1230mm　1/32　印　张：6.125　字　数：120 千字
版　次：2020 年 10 月第 1 版　印　次：2020 年 10 月第 1 次印刷
京权图字：01-2020-4910
书　号：ISBN 978-7-5217-1887-4
定　价：48.00 元

版权所有·侵权必究
如有印刷、装订问题，本公司负责调换。
服务热线：400-600-8099
投稿邮箱：author@citicpub.com

目 录

前 言　I

第 1 章　前隐私时代（1300—1650）　1

第 2 章　隐私与交流（1650—1800）　29

第 3 章　隐私与大繁荣（1800—1900）　56

第 4 章　隐私与现代性（1900—1970）　85

第 5 章　隐私与数字时代（1970—2015）　120

注 释　151

前 言

隐私的历史是噪声与沉默的结合体。关于隐私定义的文献汗牛充栋，但并未有确定性结论，关于当代对个人信息保护的诸多威胁，也有着沸沸扬扬的争论。但多数评论认为，"9·11"之前的数十年对于隐私而言无异于中世纪，而在互联网诞生之前的几个世纪里，隐私更是湮没在了时间的迷雾中。人们想要回顾历史观点时，一般简单引用下杰里米·边沁或乔治·奥威尔的二手材料就能满足。1972年在英国发布的《扬格报告》(Younger Report)是第一部关于隐私的权威综述，其中不无遗憾地提到，历史上并未留下关于这个议题的只言片语。巧合的是，这方面的第一部专著，大卫·弗莱厄蒂关于殖民时期新英格兰的经典论述，此时即将出版。自那以后，才零散出现了一些关于隐私的优秀研究，所关注的时代可以追溯到中世纪乃至古典时代。不过，除了菲利浦·阿利埃斯（Philippe Ariès）和乔治·杜比（Georges Duby）从20世纪80年代末到90年代初合编的多卷本、多作者的宏大的总体研究之外，这一领域内的书籍与文章如同散落的群岛，彼此少有联系。住宅、宗教仪式、读书识字等社会文化活动中的重要领域大多只能游离在历史变迁的主流叙事边缘，而另一些话题在历史上甚至没得到任何系统性解读,比如过去的人如何寻求独处,或者如何开展地下恋情。

下面将要给出的,是关于隐私长期发展历史的一个提纲挈领的描述,这不仅能为如今争论不休的人们提供更加清晰的当代视角,同时也是为了讲述这些概念与实践在几个世纪中的流变。鉴于现有的学术研究都较为零碎,本书一方面采用文献研究,另一方面也综合了相近的研究领域,特别是大众传播、住宅、宗教、家庭关系、监控等相关领域。本书从头至尾都结合了大量的一手证据,尽管信息密度很大,但也有必要贴近那些努力平衡各种期望的人们的情感与行为。本书为编年体结构,覆盖时期从中世纪晚期开始,直到斯诺登泄密事件为止。五章中的每一章都附有起讫日期,但由于这一主题的性质使然,这些日期都只是个大概,很多主题都要跨越两个时期。在有关数字革命的最后一章中,虽然名义上起始于1970年,但其实在其前后都能看到电脑的影响。书后附有扩展阅读部分,总结了目前关于隐私主题的出版物情况、相关领域的工作,以及还需进一步研究的主题。

对隐私的研究事业并不是站在巨人的肩膀上,倒更像是在无人踏足的荒草丛中蹒跚而行。对更久远历史的追溯迫使我走出自己的19世纪历史舒适区,我要特别感谢安妮·劳伦斯(Anne Laurence)和阿曼达·古德里奇(Amanda Goodrich)帮助我排查本书前几章中的错误,感谢约翰·诺顿(John Naughton)提供关于数字革命前因后果的丰富而全面的洞见,感谢英国和欧洲各地的读者们对各个版本的论述进行点评。对这本冗长的小书,普利提出版社的艾略特·卡施泰特(Elliott Karstadt)和安德里亚·德鲁干(Andrea Drugan)展现出了坚定的信心。夏洛特·文森特(Charlotte Vincent)逐字逐句检查了全文,在每一处需要核对的地方耐心发问:"这里是什么意思?"我对她一如既往地怀有深深的感谢。献给持续终生的友谊——隐私的真正价值所在。

2015 年 6 月　于肖沃丁

第 1 章 前隐私时代（1300—1650）

1341 年 7 月 13 日星期五，伦敦妨害行为裁决案卷（London Assize of Nuisance）记录道："约翰·卢特尔的遗孀伊莎贝尔投诉皮革商人约翰·特拉佩，称这人的房子在她位于圣约翰德沃尔布鲁克教区的花园旁边，其中 4 扇窗户玻璃破损，他和他的仆人能透过它们看进她的花园。"经检视事发地点后，判决要求被告应当在 40 天内修好他的窗子。但伊莎贝尔并未就此止步。接下来她又成功起诉"皮革商人约翰·德·索普，因为他家有 7 扇窗户对着她在圣斯蒂芬德沃尔布鲁克教区的房子，这些窗子离地面不过 4.8 米，透过它们，他和他的仆人们就能窥视原告的房屋。"接着"鱼贩约翰·德·莱什"也收到了这位好斗的寡妇的传票。她起诉这位邻居"在与她房子紧邻的屋墙上设了座铅灰色瞭望塔，他和他的家人每天都站在那儿窥探她的私事，监视她的仆人们"。最后，她又盯上了第四家窥探她房产的邻居："还是同一位伊莎贝尔，起诉西蒙·科尔普的遗孀琼通过 12 个小孔偷窥位于隔壁的她家，琼和她的仆人能看到伊莎贝尔家里的私事和仆人们的举动。"在经过现场调查之后，所有案件结论都是被告应在 40 天内改正问题，"并按惯例处以罚金"。[1]

这些争讼发生在中世纪晚期伦敦的拥挤街头，这就挑战了人们的成见,他们通常认为隐私意识直到 17 世纪才萌发,而普遍实现则至少要等到两个世纪之后。庭审中所争论的是保护家庭生活不受窥视的诉求。拉丁文"privatus"就代表了明确的区分,属于集体区域的事务需要受公共管辖,而在封闭的家庭社群中,相关事务则由一家之主进行管理。[2] 一些历史学者没有看到这一界线,是因为他们没找对方向。[3] 沃伦与布兰代斯在 1890 年发表了一篇很有影响力的论文,其中将隐私解释为"独处的权利",这随即成为最具共鸣的定义,隐私在现代时期也作为个人主义概念受到追捧。[4] 重点在于那些独立的、自给自足的公民们想要保护自己的个人资料不受任何外界机构的侵扰或窃取。[5] 14 世纪的欧洲,到处都是人口拥挤、墙壁单薄的城市家庭或乡村社群,无怪乎很难出现这样的人物。除了在一些特殊环境(比如日益增加的修道院)中,几乎所有人在生活中都要与他人共处,不管是配偶、孩子、仆役、同事还是访客。"武断地认为中世纪社会没有物理隐私,"黛安·肖写道,"其根源或许在于,现代对隐私的预设就是个体的、绝对的,而不是公共的、相对的。"[6]

隐私的故事并不是在讲述从无到有、从少到多的历程,甚至也不是从集体到个人,我们将在此后的章节中看到这点。这段历史没有开端,只有威胁渐渐迫近的结局。威廉·瑞迪认为,有可能找出长时段中存在的价值观与行为,它们与不断变化的社会现实及规范相互作用,但并不会完全契合。[7] 我们的任务是区分出隐私的不同类别特征,有些跨越几个世纪仍然清晰可辨,有些则仅是出于某个时代的愿望与限制。隐私与亲密社会关系高度相关,因此很难想象哪个有史可查的时代中会完全没有隐私。黛安娜·韦布在关于中世纪的描述中如此写道:"显然从不会有这样的时代,不允许个人、家庭或小团体偶尔离开公共视野,回到自己的小天地中。"[8]

这种离开具有三类直接动机，随着时间推移，它们自身及彼此间的关系不会一成不变。一是亲密关系的培养要求有私密交流空间；二是人们要寻找一处私室，用以整理心绪、实现身体机能；三是人们想保护自己的思想与行为不受外部权力机关的侵犯。在中世纪晚期，这三类动机都清晰可见，但表现形式上却与后世有着天壤之别。14世纪的伦敦家庭要实现多种功能，形态也在不断变化，在这样的家庭中能获得的"亲密"与现代晚期的小家庭单元中的情感投入只有少许关联。从秘密祷告者（本章后文会继续讨论）的世界到休憩与冥想的圣坛，隐私还有很长的一段路要走。而相对于政府的私人领域作为自由民主制度的本质特征，只能在这一时期家庭与政府部门间的冲突中隐约可见。在这段时期，隐私的定义并不确切，最后一章将说明这种情况在当代也没出现好转，因为社会与政治功能太容易被并入个人信息控制权。

在隐私的复杂演进过程中，伦敦妨害行为裁决案卷里的部分特点还一直保持着，没有变化。首先，不管居所有多狭窄、拥挤甚至摇摇欲坠，居所内外的隐私定义及其守护方式都有着巨大差异。一旦跨过门槛，关于哪些念头和行为可以为人所知的预期就一下子变了。哪怕门薄如纸壳，锁装模作样，墙壁又透声音又透气味，但想从街上登门入室仍然需要遵循一套请求礼仪。正因如此，对隐私权的司法保护萌生于一系列与产权占有相关的权利。侵权诉讼开始出现于14世纪初的法庭上，给了屋主向闯入私人领地者追责的权利。妨害（nuisance）的概念包括了所有相邻房屋中的居民对原告因占有房产而形成的价值造成损害的行为。一个人在建造或使用房产时，不能对他人的房屋使用造成实质损害。[9] 在拥挤的中世纪城市社区，这就意味着要首先保证房屋外层材料尽可能不对周边建筑造成火灾威胁；意味着不能让雨水或污水漏到相邻的建筑物中，臭气也不行；还意味着居住者应当享有封闭的交流空间，而不应被目光或声音打扰。说到窗户，即使只能安装百叶窗（因为玻璃还是种奢侈品），也得保证住户既能从住宅看到外面，又不让邻居看到屋内的情形。人们努力确保墙壁的质量过关，如果因为朽坏或材料低劣而出现孔洞，隔壁邻居也应当避免偷听行为，或者发出噪音影响到墙这边的正常生活。当事人并不关心这些侵害他们房产使用的行为之间有什么差异。在妨害行为裁决案卷中，大概有 1/6 涉及从门窗闯入住所，[10] 但也常常伴有其他申诉内容。比如说在 1348 年 2 月 29 日的记录中："西蒙·德·沃尔斯蒂德起诉共住在圣奥尔本德沃德斯垂特教区的邻居罗伯特·毕晓普和罗杰·梅德尔，称他们能通过与他房子相邻的 6 扇窗子和两处孔洞看到他家的私事，他们的房客还把脏水和其他垃圾丢到他的地界上。"[11]

  这类冲突的另一个特点是大部分都发生于两个社会群体之间。这一家的主人替自己负责的所有成员出头，包括家属和仆从，反对另一家主人及其家庭成员的行为。根据案卷记录，1350 年 2 月 26 日，"皮革商亚当·德·布利和他的妻子爱丽丝起诉他们在圣约翰德沃尔布鲁克教区的邻居——约翰·勒·莱什的遗孀莫德，指控她家的房子缺少 6.5 厄尔*2 英寸**长的排水渠，导致雨水从她家流到隔壁原告的土地上，此外她和她的仆人还能通过两扇窗子看到原告家中的私事"。[12] 在中世纪晚期及现代早期，家庭既统称共住在一个屋檐下的所有个体，也指具有血缘关系的亲属，两者名义上没有差别。[13] 他们共同形成一个权力结构，以及紧密相联的社群网络。所有家庭成员无论年龄、性别、工作情况，在彼此互动时都应当不受窥视或监听。一旦脱离了家庭空

---

* 厄尔：古英格兰长度单位，表示"一胳臂长"。——译者注
** 1 英寸等于 2.54 厘米。——编者注

间的物理束缚，夫妇、亲子、主仆间共享的隐私信息就可能被曲解或背叛。对于家长和家庭成员间的关系而言，家庭内部信息与言论具有更加复杂而脆弱的边界，这就是个问题。而法律只在他们的宅门以外才起作用。

发生在妨害行为裁决案卷之前的案件体现出非正式协商的弊端。公共调解系统负责处理这些案件，指定几个人到争议现场去实地调研。这一过程反映了隐私的第三个特征，这在不同环境与变量下仍可保持长期不变。在14世纪的伦敦，隐私是种稀缺而富有争议的商品。它并非某种牢牢在手的权利，而是需要牺牲其他利益才能实现的愿景，而且在寻求过程中还要保持警醒，不断进行协调，常常遇到失败，偶尔还会引发冲突。人们寻求的是什么内容，哪些是可能实现的，这些会随社会规范与现实结构而变化。[14] 无论是在仄狭而功能多样的中世纪家庭内，还是克里斯蒂娜·尼普特恩格（Christena Nippert-Eng）所研究的当代芝加哥中产阶级公寓里，无论隐私是如何被理解与描述的，其实践都伴随着努力、抉择和妥协。[15] 正如历史学家、隐私委员会委员大卫·费海提所写："在西方历史中，隐私一直在经受挑战。"[16]

许多有关隐私问题的长期处理方式都犯了同样的错误，忽视了缺席的难度和普罗大众的情形。除非是精英家庭，否则由于卫生条件有限，也没法躲开仆人，普通家庭要维持疏离与亲密之间的平衡是个深刻的难题。屋子里几乎总有旁人，想要和某个人单独谈话从来都不是易事。但人们在不断努力。个人或群体依据不同的偏好、成就、性格互相区分，在寻求隐私时的努力程度、容忍程度也各有不同。约翰·卢特尔的遗孀伊莎贝尔为什么放弃了私下抗议，而决定在1341年7月与所有邻居对簿公堂，原因已不得而知。在管理家庭内部隐私的无尽努力中,家长可以选择不同的策略,诉诸法律则是种终极手段。值得注意的是,即使在法律史的早期阶段,法庭也会向雇主阶级的女性开放,而不仅是男性。

最后一个特征是,冲突在某些方面涉及信息的传播。这些案件是关于哪些信息可以被看到或听到,以及如何确定需要保护的交谈边界。本研究包含了当面交流的历史,以及这种交流方式是如何与其他表达、记录思想和情感的途径交织在一起的。从个人通信的萌芽,到15世纪印刷术发明,再到21世纪初出现的社交媒体,自从笔尖落到纸面,联系起时空远隔的人们,在熟人间的物理交流所形成的隐私之外,就又增加了一类虚拟隐私(virtual privacy)。每一次进步对隐私管理来说既是扩展,又有损害;围绕着信件收取的焦虑感因不断迭代的新技术而一再重演。要走出这种两难的境地,不仅要依靠通信技术,还需仰仗每次传送时的密码和背景信息,这种方法的最初版本就是过去相识、未来也将共度的两个人之间无言的眼神交汇。

房屋设计的演化与隐私存在千丝万缕的联系,因此被放在了早期隐私史的核心位置。回溯至中世纪晚期,至少已有散布的坚实建筑,能为隐晦的行为、不曾明言的态度提供庇护,以此令人安心。考古与文献研究证明,至少是在较为富裕的一部分农民中,住宅已经变得相当坚固耐用。[17]住处开始与牲畜隔离,房子内部分隔为若干个房间,供家庭成员进行家务与生产活动。如果说不同区域间存在功能的划分,也只是相对的。在一座三层小楼里,没有一个房间是专门用于某项活动的,包括睡觉。季节性的劳力需求与光线、温度的变化是最有力的因素,影响着住户对日常活动中的室内互动的安排。窗户狭小,没有玻璃,灶台敞开,烟熏火燎。大小贵族们能享有一整层的大堂，四周毗邻较小的房间，但他们也和下等人一样，只要有无人占用的空间，就可以根据需求就地饮食、社交、办公、睡觉。[18]家具很少，床的使用率则随着人口增减而变化，有人出生，有人死去，用人和访客也时多时少。最接近完全私密的空间就是保险箱或小行李箱，里面可以存放个人衣物或其他贵重物品。[19]

在接下来的两个世纪中，变化围绕着房间陈设与使用时不断出现的差异化而展开。近期的学术成果让 W. G. 霍金斯得以完成关于1570—1640年间"大重建"的论文。[20]从现在看来，这一过程跨越了更长的时间，有着诸多区域性、暂时性的变体，但总体的趋势没有动摇。随着财富差异扩大，在经济扩张中获益最多的富人们可以用豪宅美屋来彰显自己的身家，居住空间的装修也更为专业化。越来越多的富农和自耕农将住宅改成了两层，独立的房间数也增加到 6 个乃至更多。[21]中世纪时，敞开可见橡木的大堂被装上了天花板和烟囱，并有一架楼梯通往二层。除了大堂以外还留有一个大房间，便于家庭成员避开外来者开展种种活动。[22]在核心区周围则有多个较小的房间，其中可以容纳各种活动。[23]食品储藏空间被独立出来，以便尽可能隔开烹制食物产生的高温和气味，而不会影响到住宅的其他区域。新的称呼开始产生，如会客厅、卧室、私室、书房和藏书室。[24]随着大把的金钱被花在家装上，与住宅相关的各种细分行业也延伸到了建筑领域。最早的一批文本包括 1624 年出版的《建筑的元素》(The Elements of Architecture)，亨利·沃顿在书中描述了理想的乡间住宅里要如何排布这些新进入名录的房间：

> 所有书房与图书室都要朝东，因为晨光是缪斯女神的朋友。所有需要加热之处，比如厨房、蒸馏室、炉灶，或用来

烘焙、酿酒、洗澡的屋子,都应当朝南。所有需要凉爽新鲜空气的屋子朝北,如地窖、食品储藏室、酒窖、谷仓等。所有像画廊那样要求轻拿轻放的地方也一样要在北侧,或者是需要稳定光线,在温暖的气候下尤其如此。[25]

如莉娜·科文·奥林所言,这种指引"表现出一定程度(或是更多)的美好向往"。[26] 无论这些房间朝向如何,都只有最大的地主才有资格考虑沃顿所说的特定化空间分配,而对于这些有能力重修屋舍,或在现有住宅的基础上加盖一层新楼及几个房间的人来说,这种改动是否带着扩大隐私范围的意图,或者带来了这样的结果,我们还远未弄清楚。在现代早期的住宅建造中,驱动人们大兴土木的因素显而易见。"原本只有上流阶层才有的隐私意识,"W. G. 霍金斯写道,"在大约两个世纪之后,逐步蔓延到普通大众之中,我们必须在这里寻找大重建时代的根源。"[27] 这一观点认为,此类翻修或新建模式反映了日益增长的对独处的渴望,也更可能达到目的。走向现代私寓的旅程始于财富带来的雄心,并随着更多人口脱离温饱线而不断加速。蒂姆·梅尔德伦曾描述过一个他称之为"建筑决定论"的概念,即隐私的价值与实践都能追溯到日常生活所在的物理空间,但最近已出现了相反的论调。[28] 这么做有着极大的诱惑。正如我们所见,隐私与在家中居住始终存在基本的关联。就像尼科尔·卡斯坦所写,"不管是在富人的别墅还是在穷人的农舍,一扇敞开或紧闭的门都同时具有真实与象征的双重含义"。[29] 在白天,跨入门槛需要取得许可。如果家长不在,或者夜里关了门,就等于在谢绝访客。从 15 世纪起,英国法律就将入室行窃列为重罪。[30] 这项罪名默认家中会关门上锁,门框也足够牢固,而这也被当时的庭审证据所证实。[31] 在外来者面前,人们期望自己安全无虞,特别是当月黑风高、连他们的面容都看不清楚时。

尽管现存的记录表明,在很长一段时期内,住宅空间不断增大,功能不断分化,但仍存在名不副实的情形。举个例子,客厅与卧室在现代早期就已在名义上有所区分,但只有精英家庭才能配备足够的房间和专门的床,从而将日间和夜间的活动完全分离。对于大部分人来说,即便已经享有了更大的房子,成人、孩子、仆人和访客还是只能随处搭张床铺,早上起来还得在同一个地方吃饭、社交。家居空间使用的新词汇并不能反映大部分家庭日常功能的广度,在这些地方,挣钱与花钱仍在空间上共存。对于大多数人来说,娱乐、交谈、放松、玩耍、睡觉、生育、烹饪、饮食、洗澡、洗衣、如厕、赚钱、劳作、服务、管理与做账,种种活动都很难以一墙隔开。在这个阶段,隐私中的一个基本元素——排泄体内废物——更多地融入了居住空间,独立的公共厕所被放在睡眠区域的便桶取代。[32]

建筑越是坚固耐用,居住者就越有可能没法按当前的建筑形式来生活,而需要以上一代建造者的做法来调整自己的需求与行为。即使是经过仔细安排的新式住宅,也不能保证会被如何使用。大多数人都是租房来住,便于随着家庭财富的变动更换住所。在社会顶层,几乎没有人会被囿于一处住所,他们会经常根据喜好或生意需要易处而居。安妮·克利福德夫人在17世纪早期的日记中就有记录,她会定期去亲戚家中,或者前往伦敦。[33] 举家定期在各处房产之间迁徙,[34] 在这种非定点居住的著名案例中,16世纪末沃莱顿庄园(Wollaton Hall)的重建可谓是独树一帜,爱丽丝·弗里德曼对此有着详细的记载。庄园的主人弗朗西斯·威洛比爵士聘请了建筑师罗伯特·斯迈森来实现欧洲最新样板手册中的想法:

不同于老式的庄园房舍，新庄园在地下室与角楼中设有许多小型空间。这些小房间被用作厕所、私人书房、存放个人财物或公务文件的地方。房屋主要楼层的四角、套间的里屋都藏有密室，反映出重视个人隐私和书面材料（无论是印刷材料还是手写稿件）的新趋势。[35]

然而据文章结尾处所称，由于威洛比夫人和她丈夫的仆从之间矛盾很深，两人的婚姻长期存在问题，这个堪称现代早期典范的私宅很少有人居住。弗朗西斯爵士宁可住在另一处宅第，他的后代断断续续在庄园住了半个世纪，此后这里便完全关闭了。

大繁荣不仅是隐私意识的催化剂，也是变化的直接动因。随着个人财富的增加，人们会购置更多物件，也需要更多空间来安放它们。[36] 最早出现、也最为普遍的空间功能分化就是在食品存储和加工方面。此外还出现了更多碗橱、桌椅，还有家里最贵的物件：床和寝具。有必要增加房间数量来容纳这些家具，而人们也越来越倾向于将它们归为同一类资产。财富水平与个人退离之间隐约的关联性在私室数量的增长上体现得淋漓尽致，人们将其作为独自冥想与阅读的地方。正如沃莱顿庄园的规划显示，这类房间一般会建成从主卧延伸出去的一个封闭空间。现代早期的住宅内没有走廊，房间之间彼此直接相连，把私室门关上甚至锁上，都不会影响住宅其他区域的通行。[37] 有理由把私室视为现代化的先行者，正如拉法埃拉·萨尔蒂所写，"对隐私与个人享受的新需求首次表达出来，并在接下来的几个世纪中得到了长足发展"。[38] 有证据表明，两性在寻求独处方面变得更为平等。虔诚信教的妻子可以像丈夫一样，要求一个清静的地方来闭门冥思。但有时候偌大的房子里有一处狭小空间，也没什么额外深意。私室是财富的象征，小地主或成功商人以下的阶层只能对此望而生叹。它的装潢与使用也不能脱离所在家庭的整体权力与功能结构。罗纳德·赫伯特就曾观察到这点，有证据表明，丈夫有权任意进入妻子的橱室，却能保护自己的领地不让任何人进入。[39] 对男性来说，这方小天地是他所受教育的延伸，是他提升社会经济地位与睿智形象的工具。妻子会用桌子、几本珍贵的书和家务管理用具来装点她的房间，而她丈夫的领地，或说是他的书房，则更可能放有文件、地图，以及用于管理地产或生意、从事研究与著述所必备的专业工具。[40] 他带锁的房间既可以是存放动产的保险室，也是从工作中抽离出来的避风港。它是藏珍阁的前身，彰显着主人的才智与财富。它也是个办公室，两位先生可以在这里进行密谈。[41]

对建筑决定论的终极反驳在于，隐私也存在于大门的另一侧。门既能将人关在屋内，也可以将他们锁在门外。如果说住宅的物理空间决定了私人社群的边界，并为其提供司法保护，以免受外界侵入或监视，那么它也并不是维持亲密关系、寻求独处冥思的唯一场所。对于住在嘈杂多事的大宅子里的人来说，想要在谈话时避人耳目，最简单的方法就是出门去。在拥挤的市中心，生活不仅在屋内，也常在街头。而直到19世纪中叶，绝大多数人口还居住在乡村，男人们大多在外劳动，他们的妻子和孩子则在住所附近的露天空间工作、闲谈、玩耍。[42] 外出的机会要看天气和季节，但由于存在刚性需求，人们总还是能找到逃离方式。人们在外求得佳偶，维护友谊，缔结密约。除了躲进私室，避开家人的陪同也值得注意，但在日间劳作、每周赶集或礼拜的间隙，也总能找到许多私下交谈的机会。长途旅行几乎总是要结伴而行，这就更为交谈提供了机会，好躲开家人和仆人的耳目。[43] 隐私的地理边界不受建筑物的约束，而是受限于一天中步行或骑马可达的范围。

自中世纪晚期以来，相对封闭的空间开始出现，作为可随意使用的室外空间的补充。早在 14 世纪，皇宫周边就开始大量兴建园林、寺院和贵族宅邸。[44]农民和城市户主则在自家旁边经营小块土地。[45]为迎合人们对树木、花卉、蔬菜的需求，市场上开始出现专门的种子商和苗圃。为了阻挡野兽，同时声明这是私人用地，花园往往要用篱笆、壕沟或围墙（如果负担得起）保护起来，擅闯者要面临法律指控。[46]和内宅一样，室外空间也有着多重功能。土地最主要的作用是种植粮食作物，大面积的土地还可以用作猎场。在有池塘或河流之处，休闲垂钓作为最宁静的户外活动，自 15 世纪以来就是一项娱乐消遣。[47]兰开夏郡的乡绅尼古拉斯·阿什顿的日记里几乎全都是关于他的户外生活，种植兰花，和朋友钓鱼、狩猎、骑马、赴宴。[48]这是放松休闲的乐土，无论是和陌生人还是家人都能保持相对隔离。[49]安妮·克利福德夫人发现，户外是和表亲之间建立友谊的最佳场所："我和表姐弗朗西斯·鲍彻、表兄弗朗西斯·拉塞尔常在花园里散步，互相关系都很好。"[50]和室内一样，在户外也可以切换不同的独处内容，包括娱乐、公务和冥想。[51]"下午时分，"安妮·克利福德夫人写道，"我步入花园，在一丛灌木里念了祷词。"次日，她找机会遣散仆从，和丈夫就生意上的事密谈了一次："我和夫君一起走到园中，他告诉我许多与我叔叔做生意的事。"[52]在地主精英阶层之中，徜徉在花园的清新空气里已成为一种消遣，既对健康有益，又不耽误谈话或沉思。弗朗西斯·培根在 1625 年的一篇文章中赞美了一个花园的布局，"曲径通幽，绿荫如盖，清静怡人"，"无论日头如何、风势多急"都可以漫步其间。[53]为保证一年四季能到园中散步，较大的新式农庄都开始建造长廊和封闭的高层步道。[54]

以步行来代替室内环境成为隐私史上的焦点，不仅是在本书所写到的较早时期，而且延展至 20 世纪，此时汽车成了独处或密谈的最佳空间。事实上，自中世纪以降，想要保护个人想法和亲密关系的人们都会把外界环境视为暂时性的机会。只要能提供特定空间，围墙内的户外场所就和室内有同样功用。16 世纪末的纽伦堡商人写信给他的未婚妻："即使亲爱的上帝不能立刻让我们和好，我也相信他会宽恕我们一次，指引我们重逢在我们的小屋里，或者开满鲜花的园中。"[55] 更富有的人总能选择不同的去处来消磨时间。玛格丽特·霍比夫人在 1599 年 8 月 24 日的日记中写下了自己是如何在夏日傍晚几易其所，分别和她的朋友、丈夫和上帝密切交流的：

立即吃过午饭，之后我和几个朋友闲聊了些时候，之后便独自祷告。我和霍比先生乘马车出门散了散心，走在花园里，仔细思量着布道中的要点，然后去吃晚饭。晚饭后，去参加公共祷告，之后便睡了。[56]

坐不起马车的老百姓没那么多彻底的隔离机会，就只能在日间工作与休息的间隙偷闲片刻。日益提升的住宅标准带来的最重要结果并不是可以上锁的书房，或者只供夫妇使用的卧室，而是给人以私下交谈的机会。房间数量增加、面积变小，意味着有更多概率正好存在一间无人占用的房间。由于通往二楼的不再是梯子加上活板门，而是封闭的楼梯，这就形成了一条上下通道，让通行者在房子里找到了一方"室外"空间。在室内，谈话很容易被打断。要免除打扰，还可以使用花园、田地、小巷、街头，将有目的的商务会谈解释为有意无意的碰面。

刚进入现代早期时,"隐私"一词最常被用在信教者的个人日志中。清教徒玛格丽特·霍比的第二篇日记,记载了一个忙碌的早晨,从她梳妆的时候开始:

> 我一准备好,就暗自祷告了一段,恳请上帝慈悲为怀。然后我在府里走了走,指点汤姆森太太学习教义,吃完早饭,在外散步到11点钟。读过两章圣经,我便去吃午饭了。[57]

有个例子能说明,后宗教改革时代(post-Reformation era)的祷告代表了隐私的真正起点,这里的隐私指的是为管理个人情绪与信息而避开他人。和其他清教徒一样,玛格丽特·霍比坚持把笼统的信仰和内观冥思严格区分开来,坚持独自与上帝对话,而不像在家庭或社群里时那样参加集体活动。私人祷告在身体和心灵上都是种有规矩的活动,需要找个独立的场所,尽可能远离他人陪伴,并要求在精神上高度自省。后世的一篇指引对此解释道,要产生这样的虔诚,只有"当一个人遗世独立,将他的要求倾诉给上帝,当他从人群中抽身出来,避开挚友亲朋,独自一人处于最为封闭、最为私密的状态"时,才可以实现。[58] 私室就是理想的场所,但在它尚未出现时,房间角落或者床上也足够使用,或者像克利福德夫人、霍比夫人那样到花园里散步。在善男信女的日记中,重点在于要付出巨大的努力。要找到最为合适的时间和地点,以免在与全能的上帝沟通时,只能说些肤浅的事。

祷告本身并不是新教徒的特权,也不是宗教改革的新发明。是个人自行展现虔诚,还是需要神职人员的监督,长期以来在基督教内都有争议。在中世纪信徒中,带着各类精神与功利目的的个性化祷词司空见惯。修道院的传统虽然有多种形式，但都重视退避与独处。天主教诞生于特伦托宗教会议（Council of Trent），十分尊崇个人的虔诚与冥想修行，鼓励在家中进行晨祷与晚祷。随着罪孽的重点从行为转为意图，信徒对自己精神世界的反思就变得更为重要。但在特伦托宗教会议后，教堂重新强化了对圣礼的要求，以及让神职人员作为信徒与上帝之间的媒介，而新教徒在祷告中是与上帝直接对话的。这其中的差异并不在于个人主义与集体信仰。实际上，天主教的神父一年都很难让他们的教众来忏悔一次，而15世纪的新教教堂则很重视社区活动和教区主教们的作用。私人祷告因为与家庭或教堂里其他的必要性集体礼拜活动的关系而获得了意义。[59] 妇女的家庭劳动角色也没能让她们免于参加公共仪式。[60] 玛格丽特·霍比充分参与了宗教团体活动，礼拜日的布道是对平日里个人反思的有益的精神补充。她在家庭中也尽职尽责，确保包括仆人在内的每个家庭成员都深谙笃行基督教义。但当她回到自己的世界中时，她就会直接面对上帝，没什么人或事务可以替她出头。

不过，如果将私人祷告与世俗所说的"独处的权利"完全混为一谈，也具有误导性。"孤独，"塞缪尔·斯莱特警告说，"看似被忧郁常伴左右，孤独避世的生活也让人以为凄凉无依。"[61] 沉浸在自己的想法与行为中不可自拔，这不是祷告的功效，反而证明了它的失败。要想修复并加深与心怀万物、全知全能的上帝之间的联系，就必须抽身自处。祷告者会觉得自己太容易在日常工作与休闲中忘记上帝，因而与神明交流时就会带着负罪感。"乞求上帝让我在这周不会重蹈覆辙，去追逐什么愚蠢的虚荣，"拉尔夫·若瑟兰写道，"我看到撒旦就像田鬼一样在我面前高叫，诱惑我，拉我离开上帝的救赎。"[62] 这种个人主义属于堕落天使的国度。丹尼尔·腓特烈敦促说，在这种虔诚里，"我们应当首先否定自我"。[63] 就算那些信徒在进行祷告时是孤身一人，他们内心也并不孤独。他们与之交谈争论的存在是如此真实活跃，在他面前，信徒们生活的各个方面都无所遁形，也逃不脱被干涉。艾萨克·亚契的日记不过是造物主记录的拙劣翻版："我所有的思想、语言和行为，以及每一桩罪过与负债，都已在天堂留档，我的整个人生历程都已被上帝充分知晓。"[64] 这是最为全方位的监视，巨细靡遗。"每个夜晚，上帝都注视着我们，每个白天，他都命天使支起帐篷护卫我们，"约翰·比德尔写道，"呜呼，如果没有上帝的关怀备至，我们再小心谨慎又有什么用呢。"[65]

在帕森·伍德福德的日记中，个人祷告明显不同于秘密祷告，这在其他人的日记中也有印证。有时这两者之间的差异只是抽离的程度不同。在 1637 年 12 月 26 日，伍德福德记录道："我既做了秘密祷告，也和妻子一起行私人祷告，还有公共祷告。"[66] 在这一语境下，"私人"是种社会概念，指的是个人在宗教仪式行为中与周围人之间的可变化的关系。祷告并不一定发生在固定的社会关系或物理场所下，哪怕是私室里也不一定静谧。[67] 但"秘密"则描述了与上帝之间对话的质量。"有些责任是我们极少，甚至从未履行的，"约翰·比德尔叹道，"如能诚心进行私人斋戒与祷告，在私室中闭门不出，暗中向上帝热忱祈祷，圣父虽在私下看见，却会公开奖赏于他。而这样的人又在哪里呢？"[68] 这暗含了一层意思，即神的人格与知识从来不是全然公开透明的。而其更为强调的是静观监察的作用，这能让人产生最为深入的精神沟通。正如彼得·伯克所写，"打开向内倾听的耳朵是一种技术"。[69] 通过隐秘安静的环境，就能解决浅薄的问题。深深的自省能在忏悔者灵魂深处与他们的救赎者之间开启一条通路。中世纪僧侣的修行如今进入了教众的日常生活。

如今事务繁忙的俗家信徒不可能完全严守加尔都西会（Carthusians）或西多会修士（Cistercians）的清规戒律，但至少对于免除了体力劳动的人们来说，默默地与上帝对话仍是件要花大量时间的事。《时间之书》(*The Book of Hours*)是中世纪晚期最流行的手抄本，内容来自修士的礼拜仪式。[70] 祷告者在秘密的自省中回顾过去，而接收祷告的神明则会记录下他们的交流往来。正如约翰·比德尔所说，"上帝似乎保有一本日志，上面记着他对我们的所有关怀、在我们身上的所有花费、赐予我们的所有福报"。[71] 日常记录变得越来越重要，因而投射出"记日记的天神"这样的概念。自16世纪的最后几十年起，日常记录越来越成为上层社会的惯常动作。其内容从世俗到宗教，包含了人们最关注的事项，同时也不仅限在北欧。笔记本已成为商业与工作中不可或缺的配件。[72] 文艺复兴时期的佛罗伦萨商人们在记账之外，也开始记录业务的开展过程，然后延展到家族发达史。在履行合约、谋求政治地位、管理王位继承的过程中，能拿到事件与发生时间的书面记录会带来很大价值。[73] 为宗教目的而写的日记有着多种作用，尤其是对不会去定期进行口头忏悔的新教徒来说。它能让人牢记自己的过错与祈求；它能从每天的大量思想与行动中筛选出具有宗教意义的部分；而最可庆祝的是，它能记录下上帝所施仲裁的重大神迹。日记既能辅助祷告，本身也是虔诚的冥思。帕森·伍德福德从1637年开始写一本反思婚姻的日记，同时向上帝和他的妻子敞开：

但上帝啊，祈求您赐我们谨慎与智慧以面对未来，您已恩赐我们彼此相爱，那么容我祈求您，让我们对每次激情都保有决断与力量，莫让不和谐的声音打扰我们之间的柔情。上帝啊，我祈求您让我亲爱的妻子喜爱我可怜的母亲，并让她举止有礼,仪态大方。[74]

日记也反映了为自我定义与自我管理而读书写作的重要性。菲利浦·阿利埃斯在开始《私人生活史》(History of Private Life)项目时这样说道:"英国作为隐私的起源地,自16世纪末就广泛出现个人日记,这可并非巧合。"[75]这一观点最明显的局限在于,在16世纪初期还没多少人识字。在1530—1730年间,能读书识字的英国人包括几乎全部的贵族、神职人员、专业人士、约2/3的自耕农、不到一半的商人和手艺人、不到1/5的农民和劳工。妇女的整体识字率要比最底层的男人还低一些。[76]直到19世纪,欧洲较发达国家的识字水平一直是这样,与社会及经济层级同步下降,而且存在性别差异。[77]比起书写能力,识字率指标更能说明阅读能力。在16世纪晚期,只有贵族和职业家庭的儿子才能通过文字交流,因为他们都会接受教育并挤进大学。

个人或集体的识字率差异本质上就不稳定。宗教改革运动是由印刷业发展与对信徒参与阅读《圣经》和其他宗教文本的坚持驱动的。但新教神父很快意识到,大部分百姓都不是作为读者去阅读上帝的教诲,而是坐在教堂里结队聆听,或接受家长的指导。在发端于中世纪的修道院里虔诚地逐字捧读,并渐渐传播到外界。[78]但即使是在清修之地,就像杰西卡·布兰特利所写,"这种15世纪人与书本之间最为'隐私'的交流,也大量依赖社会公共行为"。[79]在有需要或时机适当之时,这些文本就会被朗读、倾听,在内心流转,或用于争论和交谈。中世纪晚期开始兴起将本国语言书写成文字,从而提升了受教育的精英阶层使用文字的能力,但在手抄文化中,文本相当珍贵,集体共有和个人拥有的数量平分秋色。尽管印刷革命让人们更快地走向安静阅读，也使读者不再需要他人陪伴，但由于印刷品一直供不应求，识字率也不够高，这就鼓励人们互相借用资料与技能，在读者网中分享文本内容，无论男女。[80]

我们将使用当时的通信技术来拓展亲密关系疆域的做法定义为"虚拟隐私"，在其早期历史中，个人与社会之间的矛盾尤为明显。到15世纪，通信就已不再只用于宗教用途，而开始包含男男女女所关注的世俗内容。[81]许多幸存至今的信件都是关于财务或政治事务，但也有一些信息的主要作用是让身处两地的人仍能保持亲密关系。一个变化迹象是，中世纪的书信写作研究也被更为人文主义的写作指南所取代。这类指南中最早一本英国出版物是威廉·福沃德在1571年的《懒散之敌，编辑、构思与写作各类书信的方法与格式：并附答案》(The Enemie of Idlenesse. Teaching the manner and stile how to endite, compose, and wryte all sortes of Epistles and Letters: as wel by answer)。这里用一篇献词陈述通信的主要目的：

> 通过书信
> 我们能倾吐衷肠
> 哪怕朋友相隔万里
> 与我们天各一方
> 通过书信，我们虽然不得相见
> 却如同伴随身边
> 促膝长谈
> 一如从前[82]

书信承载的信息是远方人儿的替身。"来看看我，带一封短信。"

年轻的纽伦堡商人巴尔塔萨·包姆加特纳（Balthasar Paumgartner）在旅居国外时写给他的未婚妻玛格达琳娜（Magdalena）。[83] 这让别离变得可堪忍受。另一位纽伦堡的商人卢卡斯·弗里德里希·贝海姆（Lucas Friedrich Behaim）离家工作时，写信给他未来的妻子：

> 既然这已由上帝注定，我正在从事毕生的事业，我就得选择耐心。唯一能加强我的忍耐力的，就是来自你的一封和善的短笺。它能抚慰我最深的悲伤，让我眼下已死去的内心复苏过来。亲爱的，我完全指望着你，这是我的衷心渴求，但你还是等到最佳时机吧。[84]

无论是商人在异国做生意、地主在各处产业间巡视，还是西欧的孩子被成群送去做童仆或学徒，从来都不乏"相隔万里"的恋人、夫妻和亲子。[85] 以书信交流的能力不仅限于男人。对于聪明能干的女子来说，收寄书信就是少数能逃离家庭束缚的途径之一。[86] 她们不必非得自己能读会写。[87] 玛格丽特·帕斯顿是15世纪英国最高产的写信者，但她自己可能完全不识字。她常让书记员记录她口述的内容，或者为她朗读回信。在编写她的书信集时，编辑发现104封署有她名字的信件出自29人之手。[88] 她的丈夫经常前往伦敦，离她在诺福克的家足有160千米，写信已经深深嵌入她的日常生活。根据她传记作者的记录，"她无时无刻不在写信：星期天、圣徒纪念日、万灵节、圣诞夜、复活节、耶稣升天节、圣十字架发现节；同一天中，在'你离家时''我离开你的11点''晚上秉烛时''夜里9点钟声敲响时''深夜草草'写给她的丈夫"。[89]

书信往来既能缓解压力，也能带来压力。它带来远方伙伴健康安好、孩子学业进步、爱人柔情未熄的消息。但在现代早期,死亡一直都未曾远离通信者。他们写信来确认前一次见面时还身体强健的人尚未发生不测,一旦回信太慢,他们就陷入无尽的惴惴不安。寄出和收取的过程给亲密交流增添了一层焦虑。在英国,亨利八世建立的皇家邮政原本不是用于私人通信。直到1635年改革之后,邮政服务才正式开始民用。[90] 与此同时,也有很多人依赖朋友、亲戚、雇员顺道送信。[91] 这种帮忙里可能存在虚拟隐私,但也没什么安全性可言。如果回信延误,你没法确定是收信人的问题,还是寄送时出了岔子。玛格丽特·帕斯顿就曾心焦地给丈夫写信:

> 愿你知晓,我上周五收到了你让劳伦斯·里德捎来的信,从中我发现你在写信时完全没收到我的消息。这让我很吃惊,因为我请奇托克的儿子帮我送了封信。他在伦敦当学徒,信在收获节后的第一个星期四就已经交给他了。他保证会当天出发,并在到达伦敦后尽快把信送到你手中。[92]

15、16世纪,信件数量不断增长,对私人通讯的要求也在扩展,风险因素也随之增加。写信及送信的过程虽然常常需要多人参与,但其核心仍然是两个人之间的信息互换。不管是谁执笔,信件都是由发信人签署,并写上某个特定收信人的地址,期望他在收到时信件没有被拆封阅读过,之后信息再被分享给谁就无关紧要。[93] 为隐藏内容,写信人会使用封泥之类的工具,还会用密码或醋、尿液、橙汁之类的隐形墨水来书写敏感信息,以保护商业机密或家族秘密。当政府开始利用通信过程刺探情报时,受迫害的政治或宗教团体便采用技术手段来隐藏信息。[94] 敏感信息的接收方也被敦促销毁信息,以免它们落入他人之手，招致祸患。谈话尚且常被窃听，何况信件还有实体，不一定何时就会泄露出去。随着厚墙与玻璃窗杜绝了窃听的可能，另一种监视方式就应运而生。和隐私的其他方面一样，要从中获利，同样需要努力与智慧，不断平衡收益与风险。

通信既是隐私带来的结果，也是隐私的延伸。它的出现反映了人口流动性的提高，富有的商人和贵族离家经商，学徒和手艺人则常出门办事，随身携带着信件。住宅环境的变化也有助于通信。财力充足者能建造书房和私室，在屋内写完信后，保存在带锁的房间和书桌中，免得被人偷看。到处都可以写信或读信，在偌大的宅子里，或者在周边的花园、田地里。[95] 巴尔塔萨的玛格达琳娜写道："随信附上我们花园里的鲜花，我就在这里写信，因而不曾忘记。"[96] 书信往来表现出对封闭式交流的渴求。威廉·福沃德的书信指南中强调了情感与隐秘性的结合：

> 当锦书往来
> 心意款通
> 这并非是说
> 我们内心的私密
> 可以向任何人敞开
> 而是应当交付给所指的那人 [97]

以这种形式的虚拟隐私推动的个人主义仍以社交关系为内核。如果说通信使人们躲开家庭成员的陪伴，以便读信或写信，那他们这么做也是为了维系与朋友、亲戚和同事之间的交往。识字不多的人要想做到这点，就只能靠见面接触。书信交流消解了亲密关系对物理空间的依赖，于是扩大了秘密诱人而脆弱的疆域。

1612年，约翰·多德和罗伯特·克里弗出版了一部关于家居的长篇指南。这本《遵从上帝之教诲，私人家庭管理的神圣版图》(*A godly Forme of Household Government: for the ordering of private families, according to the direction of God's word*)开创了对管理有序的家庭单元的一个经典比喻："一个家庭就如同一宗共有财产，在管理良好的家庭中，上帝的荣耀得以发扬。这宗共同财产能使家人获益，生活在其中的每个人都能过得舒适富足。"[98] 在"主要领导者，即丈夫"和"同伴助手，即妻子"之间存在分工。[99] 领导者的角色是由上帝指定的，因此他具有重要的宗教职责。他须得确保家庭成员在礼拜日去教堂，而在工作日中，他应当"为所有家人提供……个人指导，并处理他们的宗教事务"。[100] 不过两位作者并不满足于刻画这种正式角色与职责，他们继续深入描写丈夫与妻子之间的关系——已不像最初时那样等级森严，也更明白家庭成员之间以及与左邻右舍的交流纽带的重要性。

对于多德和克里弗来说，婚姻是建立在身体和个人信息的紧密交互之上。"因此，开诚布公是比较好的方式。"他们写道：

> 双方都坦言自己身体上的瑕疵、疾病和缺点，如实告知自己在物资财产上的平庸匮乏：是的，这可能会让一方冒着失去另一方的风险，但好过用花言巧语骗取对方，却生活不和。[101]

婚姻是两段历史的结合，双方都应当充分说明自己的过往，期望对方接受自己的所有优缺点。信任与保密互生共存。如果一对伴侣在这段关系中彼此坦诚,那么他们就得管控对外人诉说的内容:"当双方都忠心耿耿,就能极大提升爱意。到了谈婚论嫁时,一方对另一方就不应再保有秘密或隐私,而另一方也不能将对方的弱点或缺陷公之于众。"[102]

作者们也十分现实,考虑到无论婚姻如何美满,都会有发生冲突的时候:"不可避免地,夫妻之间总会有争吵和分歧。"[103] 要处理这类情形,速度很重要,不能任由怨气发展恶化。但有意思的是,控制争吵在家庭内外的传播范围也很重要,两口子"必须努力快速安静地平息事端"。[104] 首先,要尽可能不让同住在一个屋檐下的人知道两人不和的事。当夫妻产生争执时,多德与克里弗建议,"要两人私下解决,不要当着孩子或仆人的面"。[105] 小孩子不够成熟,没法理解状况,而仆人不挑起更多是非就不错了。家中用人和帮工的好奇心永远会对家庭造成威胁。[106] 家庭单元越小,家人的相互陪伴就越多,而家庭越大,就越有形成仆人间信息交流中心的风险。在斥巨资精心改建成为现代家庭居住样板的沃莱顿庄园里,管家和高级用人们津津乐道于弗朗西斯爵士和威洛比夫人之间的深刻矛盾,爱丽丝·弗里德曼对此写道,这些人"挑拨他们的关系,诋毁他们的形象",断绝了一切和解的可能。[107] 教堂里全是这样的仆人,隔墙偷听或偷看到了关于主子的不端行径,就言之凿凿地说起来。他们自己说着闲言碎语,还传扬给外面的仆人或其他家庭。一旦夫妇俩没能保守住秘密,他们维持互信关系的能力就会受到致命打击。

在家庭之外,还有街道和村庄。在这儿交谈也需要时刻留心边界,特别是在婚姻出现危机之时。"一旦夫妻之间出现任何不和或不快,"多德和克里弗警告说,"他们谁都不应该把这事儿告诉邻居:如果邻居们心存恶意,就会幸灾乐祸,而如果他们存着善念,也会关注所谈的事儿。"[108] 就像在家门以内一样,理想与现实之间需要调和。家庭成员要在物质与社会关系上相互依存,就得对所处环境有一定程度的共同认识。[109] 要形成集体的共同价值观以及惩戒不良行为,比如过度虐待家庭受养成员等,传播八卦是必由之路。[110] 陷入危机的家庭想要进行有效应对,就得有这样一种信息传导路径,说明需要什么、应得什么、能提供什么。[111] 维持本地经济的借贷网络需要用到声誉。人们基于对一户人家品德与财产的公认水平来做出决策,这反过来又促使邻里之间对误解和谣传进行讨论澄清。结果有可能是找到私下解决的方法,但更多的争执会上升到诉讼的程度。[112] 争论的焦点并不在于传播的信息本身,而是获得信息的途径,以及信息被故意歪曲的程度。在 16 世纪末的法庭上,约有 1/5 的案子是关于辱骂或偷听的。[113]

对个人事务完全保密,这既无法做到,也不可接受。在遗产继承这一重要事务中,遗嘱的处理应当遵守约定俗成的做法,直到 17 世纪下半叶,才有人能够因私人原因将部分人排除在遗嘱之外。一个人如果什么信息都不透露,就会直接招致怀疑。一个家庭成员如果在谈及自己的情况时三缄其口,就会失去信任,得不到基本的社会支持。每天都要完成的任务就是要找到需求与期望的动态平衡点。在亲密关系中的隐私则被赋予重要价值。"幸之何甚,"15 世纪的威尼斯年轻学者弗朗西斯科·巴尔巴罗这样写道,"如能共同决定一切事务,即便是对家庭过分关心;如能有一位贤妻,一位同甘共苦的伴侣,是配偶也是挚友,可以向她吐露你最私密的念头。"[114] 哪怕家里有各种人际压力,低调的夫妇也能找到某个隐蔽角落聊上一聊。就算是不伦恋情,人们也总觉得有可能空间。对仆人或邻居揭发的无数通奸案,可以有两种解读。一方面,它们揭示了住宅构造的脆弱性,外界的干扰一直都存在。"在伊丽莎白时代的英国,"约翰·L. 洛克写道,"屋墙哄骗着居住在其中的人们，让他们以为自己是独处一室，但其实一点建筑结构缺陷就能让邻居或路人知道他们的动静。"[115] 另一方面，这也证明了心存侥幸的情侣们会反复盘算，企图在来来往往的家人中间偷得片刻宁静。家中的消息传播有其法则，有些还得到了法庭的认可。私下获取秘密并不正当，窃听——无论是字面意义还是引申意义——总会遭到谴责。这其中暗含的假设在于，即使私密信息的拥有者承认邻居们有知情权，他们也有权控制信息的传播。

社区中公共信息与私人资料之间的平衡原本就需要小心维护，如今又在两个层面上受到威胁。大宅院正在减少，精英家庭则越来越倾向于甩开穷邻居和家仆来单独用餐和休闲，这破坏了基于一起谈论内部事务而构建出的共同社群感。[116] 有钱人能够更轻易地脱身，而没那么有钱的人想对他们评头论足变得更加困难。清教主义的兴起迫使人们重新思考家庭隐私的合法性。[117] 到17世纪30年代，新教终于在英国压倒了罗马教廷，而其中的激进派决心在大字不识的劳工中移风易俗。热心的改革者们越来越不能容忍在一些独立小王国里存在的信仰与行为，他们要求将私宅内的所做所想、家庭成员在工作或娱乐时的举止方式都公之于众。无论富有贫穷、社会等级高低，睦邻关系中都要有共享精神，这么一来，来自下层乡绅、自由民、手工艺人的牧师和一般信徒就都能插上一手，通过干涉制造矛盾，并以此自得。传统的节日娱乐受到打压，酒馆之类常年威胁到酒诫的场所也遭受同样待遇。教会试图避免安息日被工作和跳舞之类的世俗活动所玷污，要让人们从教堂回家后，由于集会的感召，在接下来的一周里还能按敬畏上帝的方式生活。宗教法庭被设立起来，用于推行道德律令。而要获得诉讼成功，就要从这些可怜虫的芳邻那里收集通过监视得来的证据。这种单向的监视直接打破了原来双向暴露、附条件隐私的复杂系统。反过来，这种对抗传统秩序的无往而不利的手段也催生出新的隐匿结构。

对于当时乃至后世以其他方式、由不同机构开展的监视活动来说，由于私密谈话往往可被否认，其威胁性大打折扣。米歇尔·德·蒙田在他的文章中有一段名言，着重指出了日常交流中使用非语言工具的价值：

> 最后，爱人们就用眼神来争吵、和好、乞求、致谢、安排幽会、表达一切……
>
> 还有我们的手呢？我们可以打各种手势，请求、允诺、召集、解散、威胁、祈祷、哀求、拒绝、质疑、表达震惊、数数、承认、忏悔、害怕、表示羞愧、怀疑、教导、命令、激励、鼓舞、发誓、作证、指控、诅咒、赦免、侮辱、轻蔑、挑衅、激怒、奉承、赞同、祝福、羞辱、嘲笑、和解、建议、赞扬、欢迎、庆祝、哀叹，表示悲伤、哀痛、绝望、惊吓、呼喊、沉默，此番种种，丰富程度不亚于语言。
>
> 头部的动作如何呢？我们可以召集、解散、同意、反对、否认、欢迎、尊敬、推崇、蔑视、请求、拒绝、庆祝、哀叹、爱抚、戏弄、服从、勇敢面对、劝告、威胁、肯定和询问。
>
> 还有我们的眉毛或肩膀呢？无须学习，它们的动作就能表达丰富的含意，这是我们通用的一种语言。[118]

如今只有少数信息是通过面对面的方式交流，由此处回望，这一16世纪末的洞见便具有深远的意义。它适用于任何交谈方式，但对那些熟悉对方身体语言的人尤其适用。正如蒙田所发现的，恋人是如此熟悉对方，以至于光用眼神就足以交流。无论是语言还是文字，都只是交流的一种元素，交流者彼此之间越是熟悉，话语就越无足轻重。对那些"彼此毫无保留、毫无秘密"，通过时间积累与信任而建立起共同知识的人来说，有大把可供交换信息的方式，这就减少了交谈被偷听或转述的影响。窃听和流言造成的更大危险在于解构亲密关系，而不在于背叛。

第 2 章　隐私与交流（1650—1800）

在现代早期，当面交流方式受到两股变动力量的挑战。城镇化和大众传播互相依存，印刷品为日益扩展的城镇生活增添了润滑剂，而城市环境又促进了读书识字水平的提升。两方面的关键问题都在于对非正式交流方式的影响。原本人们要管理自己在所接触人群中的个人信息，主要是靠交谈——可以是语言，在蒙田的例子中也可以是肢体表达；而现在他们要打交道的人数大大增加，关于谁能知道谁的什么事，就出现了新的问题。匿名成为可能，而这正是"独处权"的基石。当人际压力超过了与他人交往的意义，隐私就体现为最萧索的形式——孤立。与此同时，当代通讯革命的两大丰碑——印刷与通信——似乎为退出日常社交提供了进一步便利。"在1500—1800年间，"罗杰·查提尔写道，"人与文字关系的转变创造了一种新的隐私氛围，个人可以隐入其中，寻求社群之外的庇护。"[1] 这是培养内生力量与独立性的过程：

> 要能做到建立私生活所需的新举措，阅读能力是核心先决条件。通过文本读写来完成个人通信，将个人从旧媒介中解放出来，让他或她能摆脱集体的操控，获得陶冶内心生活

的可能。[2]

这就意味着，在以口头形式构建的社会之外，还能有培育新的自我框架的机会。接下来的两个段落将分别讨论这些潜在的发展措施。

走完17世纪，伦敦的规模几乎达到了原来的3倍。到1700年，它已是欧洲最大的城市，居民超过50万。伦敦容纳了英国1/10的人口，在那里或多或少居住过的人数则达到1/6。[3] 每年约有8000人移居到这里，而它的持续扩张也凸显出关于知识的双重问题。人们怎么可能在这样无尽的扩张下理解其中的规模与复杂性？伦敦仍是一个适于步行的城市，但没有一个行人或马车夫能知道每一条街道。居民们要如何认出自己的邻居，如何管理好私下与公开身份不断变化的边界呢？正如理查德·森尼特所写，"生活的现实条件让人们给彼此都打了个问号"。[4] 保守党喉舌、讽刺作家内德·沃德在1698年创办了名为《伦敦密探》(London Spy)的刊物，为人们提供了一条途径，无须现身拥挤街头，就能回答这些问题。[5] 他写道："在这里，先生们可以一览城市景观（而不必亲身前往），并且了解如何避开那些陷阱和宰人的熟手，他们可是将很多人骗得血本无归。"[6] 这一系列刊物在次年汇编成书，刊名将伦敦视为一个秘密，要为了读者之故去费力解开。沃德采用了乡下游客配当地导游的经典形式，这也被后来者一再模仿，一直延续至一个多世纪后皮尔斯·伊根的《伦敦生活》(Life in London)。[7] 要好好了解，走路必不可少，或者可以说漫步（ramble），这个词要到19世纪才从城市传入乡村。[8]

在较小的城镇社区，以及仍然聚居着绝大部分人口的乡村，有很多时候需要待在户外，但极少要从一处移动到另一处。都市漫游则是

第 2 章　隐私与交流（1650—1800）　　31

个特例，带来了一系列指南与随身地图。1716 年，后来著就《乞丐歌剧》(The Beggar's Opera) 的约翰·盖依以诗歌形式写下了关于"人迹罕至、错综复杂的巷弄"的《琐事：或，行走于伦敦街道的艺术》(Trivia: or, the Art of Walking the Streets of London)。[9] 和《伦敦密探》一样，这本书也着重区分出住宅内外的差异，而盖依比沃德还更强调户外的不适之处。正如约翰·班克斯在《描绘伦敦》(A Description of London) 中所写道："街道在任何天气下都令人难受。"[10] 每到转角，那些坐不起马车的人——包括盖伊自己——都会被臭气和吵闹声侵袭，被其他行人冲撞，被"阳台上滴下的脏水"淋湿。[11] 当这些漫步指南出现时，正逢"小冰期"的利爪开始放松，[12] 伦敦街头不再那么寒冷潮湿。与此同时，对室内舒适度的期望也在提高，从而让隐私的空间性更加突出。

在伦敦大火 * 后，1667 年颁布的《伦敦重建法案》(Act for Rebuilding the City of London) 提高了首都住宅的建筑标准，明确外墙应当由砖块或石头砌成，内墙的厚度则应当足够隔绝火焰。[13] 外围地区试图规避法规，但都遭到了 1764 年、1772 年和 1784 年新版《建筑法案》的一一驳回。镶嵌板、窗玻璃、窗帘的大量使用将住宅以外的生活完全隔绝，[14] 从大门到家庭内部的距离也更遥远。伦敦的住宅有三四层楼高，一两间房屋的进深，下层是作坊，以上是居住区域，卧室位于客厅楼上。[15] 富裕的工匠可以占上 5 间屋子，而中产阶级里的佼佼者则能有多达 8 间。在城市或乡村的大宅子里，走廊变得更为常见，从而使房间功能得以进一步分化。[16] 只要条件允许，那些容易产生气味的活动就都被进一步隔开，特别是餐厨活动，酿造、烹饪和饮食都各有

---

* 伦敦大火：指 1666 年 9 月 2 日—5 日伦敦大火，是伦敦历史上最严重的一次火灾，烧掉了包括圣保罗大教堂在内的大量建筑物。——译者注

分区。人们较少置办给孩子、仆人和访客使用的简易行军床，而更愿意花钱买大床和床品，至少已婚夫妇是如此。[17]

这种变化的进程并不均衡，贫困阶级对此常常毫无知觉。[18] 无论在城市还是乡村，大多数人仍要面对功能混杂而拥挤的室内空间。[19] 正如彼得·吉耶里笔下的伦敦，"大多数住宅都保留了使用上的灵活性，可以视情况改变用途，在较小的住宅里，几乎每个房间里都摆着床铺"。[20] 在最小的房子里，全部日常活动都在一间屋子里完成。后世大幅改善室内卫生条件的发明，此时还处于实验阶段，是富人的专属，比如亚历山大·卡明在1775年取得专利的"S"形弯管、约瑟夫·布莱玛1778年发明的浮阀。[21] 而大多数家庭还在使用摆在卧室床边的便桶。但渐渐地，新的家居生活模式开始成型，越来越远离工作场所和公共区域。富裕家庭的家具购置支出在18世纪有所增长。[22] 大窗子令室内采光更加充足，便于开展需要坐下来集中精神的活动，比如缝纫和阅读。

正当住宅内部变得稍微安静了点儿，外面的街道却变得更为嘈杂了。[23] 更多的匠人在吵吵闹闹地做工，更多的小贩吆喝兜售着货物，更多的行人的木套鞋敲击着地面，还有更多的马车隆隆驶过。[24] 当这种噪音打破了本应有的宁静，就格外招人愤恨。因为每日的教堂钟声早在预料之中，就好像无声无息，约翰·盖依所描写的清晨的刺耳杂音则是发生于大家醒来开工之时。而当疲倦的人们正要上床时，突如其来的醉汉歌声就没那么受欢迎了。在家中越能控制对意识的干扰，就越有机会安静地以读书、写信消遣，这样一来，外界的声响和气味就越是惹人注意。

这些指南手册是新的内向性的产物。它们生动地描述了街头生活的实景，同时又能将读者与其隔离。书页中提供了听不见的噪音、闻不到的气味、不具有威胁的暴力、不会传染的疾病。靠着这些指南的描述,人们就能免于外面各种各样的麻烦与问题。约翰·邓唐在关于伦敦色情业的系列指南中声明道:"读者们,如果花在这6晚游历上的时间和金钱能够阻止某个人的纵情声色,或令人幡然悔悟,那么我的付出也就值得了。"[25] 此类文学在市场扩张中的成功完全来自亲身体验获得的一手素材,这让它们的真实性声明很有说服力。盖依这样描写乡下游客的困境:

>常有这样的农民,带着满脸困惑
>不知所措,步履彷徨
>他傻气地琢磨每个标牌
>钻进可疑的巷弄迷宫
>徒劳地试过每条蜿蜒道路
>最后又疲惫地踏回原点[26]

这位步行者被丢下,孤身一人,从头到脚如同孤魂野鬼。从沃德到伊根,他们作品中作为导游角色的城里人都只是个假想人物,是作者的一个替身,而非真实存在。由于街头生活的丰富性,这样一个抽象人物是更恰当的旅伴。不存在唯一权威的视角。除了大富豪,所有人都得步行去工作或是娱乐,每天如此。18世纪行人的自由度处于现代时期前的高点。人行道的出现使得人车分离,街道的夜间照明也更加充分。[27] 有钱有势者与平头老百姓混在一处,不戴面纱的女人也被允许走出家门,去挣钱花钱都行。游客和居民将漫步视为美事,赞美运动对健康的好处,享受观光与被观光的机会。街道与公共空间不再仅用于通行,而开始成为游荡与驻留之处。有专门的场所让朋友、恋人、有共同兴趣的陌生人聚在一起。其中最有名的是朗伯斯区的沃克斯豪尔花园（Vauxhall Gardens），在复辟以前，这里原本被叫作新春花园（Spring Gardens），自 1728 年起就成为名流聚会的所在。[28] "伦敦人喜爱走路，就像我们的北京朋友喜爱骑车一样，"这是奥利弗·戈德史密斯的观察，"到了夏天，市民主要的娱乐活动之一就是在黄昏前往市郊的花园，在周围散步，展示最美的服饰与面貌，并聆听现场音乐会。"[29]

这些指南既能用来称颂熙熙攘攘的人潮，也可以从中提炼出人群管理所需的规则。最直接的挑战来自与行人的目光接触。约翰·盖依这样宣称他开展这项事业的目的：

> 如何在日间走得干净，夜间走得安心
> 如何闯入人群，又能保持谨慎
> 何时据理力争，何时脱身
> 让我唱与你听[30]

街头礼仪的基础是要以余光斜视。[31] 如果完全不看其他行人，就可能撞上别人，而如果紧紧盯着看，则是在冒犯他人隐私。正如盖依建议的，有必要预判来往行人会在何时上下人行道。按时兴的惯例，应当让妇女走在内侧，远离泥泞、满是粪土的路面。不参照建筑物，就会晕头转向，找不到路径；忽视城市外观，则更可能到不了目的地。但要是直勾勾盯着别人的面孔，或从窗子外面往里张望，就显然是种冒犯。礼貌的步行者会思虑周全，不受本能驱使，在看与不看之间保持恰到好处的平衡。这种心思使得传统意义上的匿名属性在前现代与现代时期的都市社区受到了怀疑。这意味着从熟人社会到陌生人社会的转变，对于那些刚从农村或小镇的熟人世界来到城市的乡下人来说，就显得尤为突兀。

能逃离邻居和当局的耳目，这正是都市生活的诱人之处，而且正如我们在上一章中所见，那些处于上层阶级严密审视之下的人正越来越被此吸引。正当伦敦的自我意识变得越来越清晰，其代言人推想出一种乡村生活方式，与新兴都市文明的优点形成镜像。约瑟夫·艾迪生在18世纪公共领域的开山之作《旁观者》(Spectator)中却反其道而行之，赞颂道：

> 离开乡村对我来说正是时候，因为我发现所有邻居都开始打探我的名字与人品。我对独处的热爱，我的沉默寡言，还有特别的生活方式，都招致了极大的好奇……我真得撤到城里去，如果非得这么说的话，尽快隐入人群，找回孤独。[32]

但正如都市指南中所坚称的，人群的意义就在于避免彻底的孤独。它提供了用于替代"熟识"的另一层面。不管是沿街前行还是步入公共场所，完全无视周围人的存在，既不可能也不安全。因此，新来者最好要能认出不同的人群类型，作为下一步熟悉的过渡阶段。比如说《伦敦密探》描写过一个酒馆中的人物："坐在他对面的那个男人穿着带金属扣的西装，戴着海狸皮的帽子，是那种两面三刀的无赖，集两种恶行于一身。一半是糖衣，一半是陷阱。"[33]这个建议既体现出指南的专业性，也暴露了它的局限性；它对人物性格有着无穷无尽的描述，却无法指认其中任何一个。此类信息并不会阻止双方交换姓名与身份信息，来建立更近一步的关系，而只是帮助陌生人决定是否要擦肩而过。艾迪生认为在乡村，身心都不可能真正独处，这说明他对乡村社会所知甚少。家里总有些短暂的独处机会，而花园与田地也是避开他人的好地方，就和此前几个世纪一样。此外，即便在伦敦这样的大城市里，街坊中也存在较大的熟悉度差异。刚搬来的人可能会被陌生感冲击一阵儿，但只要他们在这里安顿下来，找到工作，就会在脑中形成一幅地图，划分出认得与不认得的道路，也将邻居的熟悉面孔区别于其他陌生的行人。

对匿名性的比喻还存在另一个问题，即以街头的情形代表整个城市的面貌。街头或许是摩登都市最为视觉化的呈现，但事实上只是其生活方式的元素之一。大多数城市居民每天都会花一些时间到户外，走入形形色色的人流，但他们也会很快离开，回到家中或工作的地方。除了从乡村涌入的人潮，几乎所有市民都有片瓦遮身。就和其他年代一样，迁入者更愿意随原有的熟人或亲戚关系定居下来。[34] 单身男女会寄宿在愿意从狭窄房间再转租出一部分的家庭里，或者选择包住宿的学徒、仆人等工作。他们在崭新的人行道上行走，却不太会睡在上面。对拥挤的房间的容忍度也让他们在找住所时并不容易落空。一旦搬入住处，人们就有权拒绝他人进入，不管这住所有多么狭小、房门有多形同虚设。隐私空间的界定取决于占用（无论是直接租住还是从其他租户处转租），而不是权属。哪怕房主是来收租的，也需要获得许可才能迈入门槛。[35] 随着伦敦的发展，市民的合法权利也随之完善。"住宅即个人之城堡"的条款在 1604 年被提出，而到了 1700 年，正如阿曼达·维克里所写，这个条款"已经成了英国普通法中的陈词滥调"。[36] 盗窃或闯入是重大犯罪，门锁被广泛使用，用在大门上防范生人，或用在室内门上防范房客。[37] 住户与罪犯之间开展了一场"军备竞赛"，发明家们不断提供设备，来打败那些"配备了多把各式钥匙或其他工具，意欲把锁撬开的人"。[38] 在 18 世纪 60 年代，占用房产的一般原则体现为逐出他人,这一要义在布莱克斯通的《英国法释义》(Commentaries)中熠熠生辉,并戏剧化地应用在约翰·威尔克斯[*]刺杀案中——为准备诉状,还得用到搜查令才能进行搜查。[39]"我的房子被洗劫一空,"他抗议道,"我最私密的信息都暴露了……我相信在这个法庭上,这种毫无人道的专断暴政一定会被推翻。"[40] 在 1770 年,国王的征税专员如果在查税时擅闯民宅,就会被罚重金。"这是对他人房屋(即他的城堡)的不法侵入,"首席大法官陈述道,"是对他在那里平静生活的妻子和家人的侵犯。"[41] 对邻居偷窥的防控古已有之,而 1709 年的一条法规再次强化了这点,规定"如果原先透过窗户看不到院子,那就不得改变窗户位置……因为隐私具有价值"。[42]

这些权利都不是在此期间才创设出来的。只是因为王权受到越来越果敢自信的城市社群的挑战,居民与住房的持续压力也要求法规更为明晰,它们才能得到重申与延展。原则上,城乡居民都应具有同等权利,但在现实中,很难说当地乡绅在自家地界上召集佃农时受到谁的影响更深,是主教的长袍还是布莱克斯通?比起规模较小、较为分散的聚居地,城镇中交流与管理个人及其私生活相关信息的方式变化得更快。就像所有中心城市一样,伦敦的邻里关系大都是在人口增长的过程中改换了样貌。[43] 18 世纪的巴黎是欧洲的第二大城市,大卫·加里奥奇曾说它并非一个陌生人社会,而是由盘根错节、互通信息的社群组成。[44] 每个人都在共同生活的熟人网络中具有一席之地。问题并不在于匿名者取代了知名知姓的熟人,而是个人品性与人际关系被如何曝光与操控。就像路人在街头相遇时越来越不想直接照面,以对视与交谈来推行标准的做法也开始式微。如果只是在人行道上匆匆擦

---

[*] 约翰·威尔克斯:美国著名的戏剧演员,于 1865 年 4 月 14 日在华盛顿福特剧院刺杀了亚伯拉罕·林肯总统。——译者注

身而过,凭着瞥见的衣着与仪态来推断对方的性格,结果就没那么可靠。想在户外说或喊上几句话来修正这种推断,这种机会也变得愈发难得。停下来说几句话,这在外界生活中成了微不足道的元素。

罗伯特·休梅克回顾了 17 世纪末到 18 世纪期间诽谤行为的减少。[45] 一系列记录表明,声誉在当时的借贷、雇佣以及其他个人及家庭财产相关事项中还是很重要的影响因素,但一般认为声誉已经没那么容易受到传言影响。[46] 无论是从门阶传到所有耳程范围内的话语,还是被有意无意听去的低声交谈,都开始丧失其原本的破坏力。三姑六婆的闲言碎语原来对权力机关有着重要作用,而此时也随之变得没那么有威胁性,爱打听八卦的妇人反而更常被认为是在自毁声望。身体暴力部分取代了这类问题,成为新的社群关系破坏力量;1695 年颁布的《著作权法》让出版文章变得更加容易,也让问题从口头造谣转向了文字诽谤。

面对面的交流场景开始扩展到户外,与此同时,纠正行为偏差的主要制度性手段也在减少。自宗教改革以来,教会的宗教法庭一直是宅内隐私的主要反对者。[47] 在英联邦期间,宗教法庭被废止,在王政复辟* 后也没再能恢复元气。[48] 在宗教法庭的全盛期,它们在邻里间安插耳目,以他们的话语作为凭证,在负面声音中维护着自己的名声。法庭既要解决流言蜚语对个人造成的伤害,也负责处理争吵对整体邻里关系的破坏;[49] 还有流言的传播者,因为他们阻碍了一家人享有私密信息与行为的权利。在 18 世纪,法庭管理的范围只能限于与教会规定直接相关的事务。始终没有新的机构或法律实体能取而代之,而家庭作为社会规范的主要代表,反而越来越受依赖。长期以来,家庭

---

* 王政复辟:1649 年查理一世国王被处死,结束了英格兰与苏格兰的内战,英国进入联邦时期,直至 1660 年查理二世登基,斯图亚特王朝复辟。——译者注

都被视为维持家庭与政治秩序的核心，但在这段以英国内战为顶峰的高压时期，如果缺少外部监管与制裁，就无法信任家庭能担此重任。其隐私本质使它威胁到集体福利，引发或藏匿精神上、两性关系乃至身体上的种种不端行为。如今，人们越来越相信家庭有自发构建起健全道德的能力，这也有赖于家庭内部互相沟通交流的天性。

1701年，理查德·高夫在什罗普郡米杜尔村开始了一项人类学研究，主要课题是社群的相对稳定性。这里的居民大多每周日参加国教（Anglican）活动。个别怪人不会参加集会，比如约翰·拉尔夫，他"脑子进了些怪念头，所以不到教堂来"。[50] 但这正好为接触当地社会提供了简便方式，只要一个座位一个座位地问过去，记录下每个家庭的简史就行。尽管有人来人往，也偶尔有人移居到伦敦，但这还是个熟人社会，和具有大量外来户的城市居住区大不相同。高夫的传记法既包含个人细节，也有内德·沃德在他的首都街头指南中采用的行为模式总结。高夫尤其重视刻画家庭内部与各家之间的善意举动，比如这段对当地农民的描写，说尽了18世纪初社会认可的全部美德：

> 这位威廉·瓦特金斯先生如今（1701年）已是农场主，他满足于上帝的恩赐，他能像自己的父亲和祖父一样，在农活上技术娴熟、照料细心、勤勤恳恳，不逊色于他们任何一位。他对自己节俭持家、谨慎小心的妻子也很满意，她在任一方面都与丈夫非常相称。他们相敬如宾，待邻里和善，邻居也与他们相处融洽，两人都为能侍奉上帝、获得他的爱而心满意足，而他们的相亲相爱又会保佑彼此，为他们带来很多很多漂亮聪明的孩子。[51]

这段描述中一再强调了爱意的作用。那些彼此相爱的人也会在邻里之间营造出温暖的善意。高夫还写到另一个村民："他的妻子是个不错的女人，很小心，他们都很温和，深受喜爱。"[52] 并不仅限于中上层阶级之内。[53] 与此同时，人们默认成功的婚姻会促进邻里之间的关系，而不是使之损减。不同家庭单元之间在情感与行为上仍有一定的互相依存性。威廉·瓦特金斯从事的农活不仅要求他有技术，还要能在当地的借贷环境下进行有效谈判，随农事进展借入或借出商品、劳务与金钱。这反过来也有赖于他的名誉，作为一个有家室的本分人，意味着他的时间与金钱都会花在家人身上，花在维持代代相传的土地上，而不是去风化场所挥霍一空。除了指望上帝庇佑，没人能保证他的家庭在未来不受疾病与死亡的困扰，届时，邻居就是唯一的情感与物质支持来源。从这个意义上说，夫妻关系的紧密性让这个家庭对其植根的社会网络更加开放，让它能吸引而不是排斥善意。正因如此，当家庭内部出现矛盾或更糟的问题时，其成员会更有动力去对外隐瞒。就像琳达·波洛克所留意到的那样，这一时期中越是有钱有势的家庭，就越会花大量精力掩盖婚姻不和。[54]

理查德·高夫对家庭内外的关系维护机制抱有浓厚兴趣。这其中的诀窍是要在交流私密信息的过程中保持自制力。他评估一段婚姻是否成功的关键条件是"谨慎"，体现在夫妇之间如何互动，特别是妻子的自控能力。同时，这也与家庭如何处理与邻居的往来有关。另一方面，高夫也记叙了米杜尔村那些口无遮拦的人。他将丹尼尔·威彻利刻画为"一个精瘦的人，表情显得冲动暴躁，行为举止亦是如此。他老是与邻居争吵，还欠了许多债"。[55] 尤为遗憾的是，英国社会里长期以来有着将语言冲突转化为法律诉讼的倾向。高夫的教堂长椅访谈进行到了巴塞洛缪·皮尔斯："他是个裁缝，在邻居里以爱惹是非著称,他的妻子在这方面和他一样糟糕。"[56] 在处理人际冲突时,诉讼是常用到的选项。现代早期社会的微观研究显示出,那些没啥手段的人都很容易接触到法律途径,而这又会对邻里关系造成根本性影响。[57] 在临郡斯塔福,一名居民被描述为"爱起争执,沉迷于酒馆的醉鬼,时常出现在……诺顿和莱托威利教区的诉讼案中,对大多数邻居来说都是个大麻烦"。[58] 人们试图采用各种方式来解决邻里冲突,以免闹上法庭,造成损失与长期危害。最好是能直接抑制这类冲动,而不要将家丑外扬。

管理家庭内外的信息界限需要付出持续的努力,花上大量时间讨论如何谈话。在1715年11月11日,年轻的伦敦律师达德利·赖德记下了他携母亲和妹妹出席的一场非正式晚宴:"所有谈话内容都是关于他们邻居的礼貌、举止、生活方式、穿着打扮,但与此同时,他们又在指责其他人打探和谈论别家家事。"[59] 除了刚起步的职业之外,赖德的当务之急是觅一位佳偶,建立自己的私密交流圈。他实在过于拘谨,以至于要去雇用妓女,不是为了性,而只是想练习怎么面对女性说话。[60] 在这样的窘境中,他仍保持着对目标的清醒认知:

> 我希望能说服自己,放松心态,想想永不结婚的可能,但我发现自己强烈地向往婚姻,不是为了解决性欲、享受床第之欢,而是天性里自然地喜欢结婚这种状态。婚姻是那么美好动人,令我不禁想象一位美丽的姑娘在关怀着我,成为我最亲密的朋友、不变的伴侣,总是能安慰我、照顾我、拥抱我。[61]

找到这样一位挚友,将感情深化为不言而喻的亲密感,这一过程体现出透明与私密之间的痛苦冲突。一方面,求婚本身会牵涉两个家庭乃至两个社群之间的法律事务,很可能涉及财产转移,而且每个邻居都对社区内的新设家庭很感兴趣。对婚事的过分保密会造成不信任感,因为很可能这对未经世事的爱侣还没经过可信的长辈指点,就仓促做了决定。但同时,父母也不能未经孩子同意就正式安排婚事。小两口儿有权按他们的意愿与偏好来展现这段关系,但能在多大范围内进行选择,就需要综合考虑与协调诸多现实情况。他们需要一个机会来彼此加深了解。在第一次求婚时,阿什顿因马克菲尔德(Ashton-in-Makerfield)的罗杰·劳避开了家人或朋友的陪伴:

> 在我回家路上,我去了趟罗杰·奈勒那里,让他们晚上不用陪我。然后我去买了点东西,待了一会儿,再过去单独找玛丽,我让她晚点儿睡,好让我们聊聊天,她也同意了。主要问题是我们没有住在一起,因此不会像别人那样公开秀恩爱。我们也许会私密生活,坚守爱情,我们会忠贞于彼此,直到生命尽头:这些都是我们坚定的共识。这是我一生中第一次整夜无眠,宣誓爱情。[62]

在拥挤的家庭里,通常还是可能找到独处的时间,但以他们的情况而言,还需要获得朋友的协助。这对爱侣彼此认同,他们需要有单独的房间,以便更好地互相亲近。尽管这段关系很快发生了变故,但他们对"私密生活,坚守爱情"的追求仍然表达了婚姻生活中更为普遍的诉求,尽管要达到这一诉求可能并不容易。

一旦家庭建立起来,对婚姻隐私最常见的威胁就来自受雇协助维护家庭的用人们。据计算,现代早期的欧洲有约 40% 的儿童曾经当过仆人。[63] 那些十几岁就受雇于其他家庭的孩子在个人隐私方面有得有失。这可能是他们一生中第一次、也是唯一的一次拥有自己的卧室，即使它狭窄、阴冷、没什么家具，还可能要与另一个仆人合住，[64] 但他们的行为和谈话都依法受到监管。他们不应当和其他仆人发展亲密关系，更不要说性关系。如果他们被发现在外面乱讲雇主的私事，马上就会面临解雇。许多已签订婚约的家庭中，主仆双方都会遇到管控信息的棘手问题。[65] 很少有宅子能大到让主人一家完全屏蔽掉住家仆从的影响，做到身心自在。仆人们得出门购置家用物什，或随主人出行，因为造访市中心的机会正越来越多。在完成工作的过程中，他们会遇到其他仆人或商贩，而他们之间的交谈也不可能一直受到监控。只要家庭还是一个整体，它就会想方设法维护信息的边界，但如果家庭破裂，私事走到了司法程序上，仆人们所目睹的内容就都获得了法律效力——特别是当他们不只是目击者，而且还情愿不情愿地参与了通奸。[66] 在雇主通常更为强势的市场里，仆人很难获得流动性。[67] 只要他们还受雇于人，一言一行就可能受到限制，但一旦他们带着所有秘密离开，到隔壁某家去工作，所有的控制力就都不复存在了。

各类亲密关系的差异饱受争论。如何管理家庭隐私，这个问题越来越多地出现在18世纪司法评论及建议手册中，因情理与法理之间的冲突而被争论不休。解雇确实是个威胁，也是终级解决手段。而更好的办法是进一步重视家庭作为道德自治体的作用，在处理家人关系方面，要让家长起到模范带头作用。从这个角度来说，人们越来越不指望外部制裁能管辖到隐私界限之内。真正需要的是一种信任关系，保证仆用在主人耳目范围之外还能行为端正。这就要求仆人在求职中不以金钱回报为首要目标，而在家政需求日益扩大之时，做到这点更是不易。个人信息已饱受威胁，但还存在更进一步的问题。即在某个层面上，敏感信息在小范围内的交互更为普遍。苏格兰男仆约翰·麦克唐纳会定期去不同雇主处服务，其中一户的管家能将职业素养与打探技巧完美结合，令他尤为钦佩："这位管家是苏格兰最好的厨师之一，她也能搜罗一堆会客室的闲言碎语。"[68] 她手头有不少信息，能任意分享给其他仆人，或传到家门以外。这些人是因为一方需要服务、一方需要收入而凑在一起，但这种关系中还存在更深层次的交换。麦克唐纳自豪地回忆起他向随后一位雇主提供的贴身服务："我和我的主人一起住了一年。有一天，主人在外用餐，我就一直候着，夜里才一起愉快地回到家；那时我把他的假发用纸包好，脱了他的衣服，左手拎着他的鞋子，臂弯里还挂着他的外套。"[69] 这是真正的亲密，将一个人全然袒露在无言的互动之中，无论后来这事儿是否再被说起，或像麦克唐纳的事迹一样载于文字。

这类情形被称为"仆人问题"，遍布城乡。拥有乡间豪宅的人喜欢在伦敦等地置办外宅，随着这种做法蔚然成风，同一生活体验更容易跨越空间。也正因为这一点，使得现代早期社会没有出现两极分化：一边是快速扩张的中心城市里的陌生人社会，一边则是人口部分外流、大多数人都世代居住的村庄与小镇，还保留着熟人间当面交流的生活方式。无论身处何处，人们普遍倾向于将家庭作为一个界限明确的交流空间，而相应削弱了正式或非正式权力的涉入。夫妻之间私下自由交谈的范围可以更大，而他们在外面与人交谈时则要小心得多。但反常的是，伦敦作为18世纪欧洲的特大城市，反而成了一个例外。在这儿，只要能跑到拥挤的街头，就可以逃脱随从和牧师的严密监视。无论是否受到指南的帮助，有钱有闲的人都能学会在不同的人际交往层级中游刃有余，从擦肩而过时的含糊一瞥，到多人聚会中的轻松谈笑，到比邻而居，再到登堂入室。

此类指南能教导你如何协商确定私人与公共生活之间的界限，反映出印刷市场和解读技能的发展。它们正是自身所要描绘的世界的产物。在现代早期，城里人要比农村人更能识文断字，同时，城市也是地域性图书的编写中心。在18世纪初，能认识自己名字的人在欧洲西北部发达国家中占比已超过50%。[70] 即使是贫苦劳动者，也偶有些人从教堂、日间学校、受过教育的家人或朋友那里学会了认字。在妇女之中，书籍不再是少数受教育精英的专属品，而成为中上流社会的必备之物。家庭生活水平的提升是最明显的变化。在沃德和盖依笔下，穿过城市街道的漫步者几乎不会花时间去读商店招牌，更不会坐下来阅读文字。而家里才是愉悦精神或开发心智的场所，尤其是在城镇家庭。生活条件提升，印制品更容易获取，这让人们能花更多时间精力在内心追求上，也进一步加大了外界喧嚣与室内清静的反差。对于少数有财力建造私室或书斋的精英阶层而言，印刷品开辟了家庭中的另一方私人空间。有些读书人没那么有钱，但同样内心坚定，就得在吵吵嚷嚷的室内将自己抽离出来，需要靠努力与坚持来保持专注，还要能婉拒他人发起的会话。

不过在大多数情况下，印刷品的消费并不会破坏社交，反而对其有所促进，而且迟早会激励读者走出家门。购买读物的成本不断超出爱书人的预算。为此，18世纪可供借阅的图书馆数量激增，有些是纯商业运营，一年要花一个基尼*，有些则是由咖啡店、天主教堂、学校等志愿组织的。[71] 人们可以在专门的书店里买到新书，或者去集市

---

* 基尼：guinea，英国旧时金币或货币单位，价值21先令，现值1.05英镑。——译者注

货摊买二手书。这些二手书被英国和法国的书贩带到乡下,在村民间互相传阅,直到书页都散了架。此类交易规模巨大,反映出阅读人群之广泛。伦敦的中产阶级出版商托马斯·提阿斯在 1664 年去世时留下了约 9 万册已装订或尚未装订的通俗读物,正准备由流动书商分发售卖,这等于全国每 15 个家庭就能分到一本。[72]

在家庭内部,印刷品也能促进社交。书籍会在朋友与亲戚之间流动,被朗读给家人、仆人和客人,有时是作为娱乐,有时是在做缝纫等手工活儿时当个消遣。[73] 从开始学习阅读(直到 19 世纪末都还依赖在教室里不断背诵音节与单词[74])到能熟练地以文字消遣,安静地阅读片刻都不是常态。个人正在从更直接影响与控制他们精神的组织中解放出来,如果要将这种情形与印刷术相联系,还是需要特别谨慎。正如约翰·布鲁尔所坚称的,"印刷文字带来的解放性文化并没有消除束缚,而只是改变了它们的形态。它们变得更加抽象,但远方读者的凝视就和邻居的好奇目光、牧师与集会的审视一样真实存在(也同样令人感到拘束)"。[75] 参与到虚拟社群中的读者只是重新调整了独立判断的方式,而并不会完全让渡这一任务。印刷品的消费者成了另一种观众,他们的体验既受到作者遣词造句的影响,也被其他读者在阅读过程中分享的反馈所左右。

在家中,宗教类书籍和经书都十分常见。[76] 可以说,文字在宗教仪式中的角色所发生的重大转变并不是源于 15 世纪路德宗及其印刷材料,而是在两个世纪以后兴起的虔信派(Pietism)。[77] 特别是在新教之中,教众的重心从聆听并讨论神父的布道转向阅读,不仅是读《圣经》和祈祷书,还有数量日增的评论、经书、祷词和基督徒生活指南。天主教也开始将家庭和耶稣会所谓的"心祷"(mental prayer)视为维护宗教世界的重要成分,[78] 但也保留了专职神父的祷告与圣餐仪式等关键环节。在新教之中，手捧书文的信徒更多是种自给自足的角色。[79] 随着交流宗教体验的方式发生变迁，私人祷告的角色在各个方面都备受影响。市场上出现了各式各样的个人仪式手册。有些印有应对不同时辰或不同季节的现成祷词，就像兰斯洛特·安德鲁的《私人虔心冥想随身手册》(*Manual of the Private Devotions and Meditations*)，[80] 有些还结合了定时避开家人的理论依据与实操建议，比如托马斯·布鲁克斯的《天堂的密钥》(*Privie Key of Heaven*)。这项活动中同时包含了读、写两方面内容。在《走进书房，独自供奉的方法与规则》(*Enter into thy closet. Or, A method and Order for Private Devotion*) 这本书中，爱德华·韦滕豪对如何准备这样一间专用室提供了指导。屋里应当有一张桌子、一条不能太舒适的长椅："我还得加上一本《圣经》、一本通用祈祷书、两本纸册（一旦写完就再换两本），还有笔和墨水。"[81] 将灵魂的剖析记录下来，形成文字档案，这是与上帝持续对话所必不可少的。

这些小册子的作者很清楚，他们的受众是一小撮精英人士——"所以要面向拥有产业和闲暇的人，"布鲁克斯写道，"这些人才能有点儿隐私……"[82] 但即使是仆人也会被鼓励找个时间独处，能在睡前或清晨起床时跪下作个祷告就够了。在某种层面上，这就是最为个人的、与社交毫无关系的隐私。[83] 这些祷告手册的核心关注点在于独自忏悔，与自己的内心搏斗，通过这种方式获得上帝在现世与后世的祈福。如果私人祈祷得以顺利进行，最大的受益人就是在救赎路上踽踽独行的信徒自己。这一过程要求你全身心地从家事中抽离出来。要向上帝敞开心扉，无论是冥想者本人还是周围的陪伴者，都必须安静到一定程度。"在祷告时要把两重门都关上，"布鲁克斯敦促道，"一是私室的房门，二是你自己的嘴唇。"[84] 这反映出欧洲西北部的受教育阶层日益提升的一项优点，即彼得·伯克所称的"慎言"[85]，约束自己用更为文明的言语交谈。不过，那些倡导或已达到这种独处状态的人不会认为自己孤立无援或沉默寡言。恰恰相反，他们所追求的疏离就好比婚姻或其他亲密关系中的举动一样：要打开心扉，就得隔绝其他人的视线。信任与透明既是受保护的交流的前提，同时也是结果。真正的信徒就如同基督的伴侣，布鲁克斯如是解释，因此也和夫妻一样，面临着寻找合适场所来交换内心想法与感受的问题："比起在家中儿女仆从环绕之时，妻子们在单独与丈夫去田间散步时更容易倾吐心声，对方也是一样。"[86]

在 17 世纪，韦滕豪要求橱室中必备的"纸册"已越来越多地付诸印刷。[87] 比如托马斯·库默的《寺庙与祷室手册，或教堂日常事务说明及公共与私人礼拜指南》(*Companion to the Temple and Closet: Or, a Help to Publick and Private Devotion, in an Essay on the Daily Offices of the Church*)，就是印制用来记录各类宗教笔记[88]，个人的自省记录也被公开发行，供其他基督徒当作范本使用。祷告内容如果特别关注实际结果，可以包括家人和朋友的品行无忧、身体健康。[89] 随着读者群范围变大，祷告的效用也在逐渐拓展。日记和笔记中持续记录了努力奋斗的信徒的"状态与行为，无论他的内心是坚贞无比地跟随着神圣的目标，还是仍有进取的空间"，[90] 这些都被巨细靡遗地记录了下来。对于新兴的宗教派别来说，系统性地回顾现世的罪行与忏悔能帮助形成对其特点的集体认知。出版物让忏悔者与上帝之间的静默交流有了声响，立即逆转了从人群中抽离的过程，将独自自省者联结到众多信徒的网络中来。[91] 比如早期的贵格会就是这样，靠散发各地会员所写的文章来弥补自己不愿设立全国性组织的短板。

直到 19 世纪，宗教回忆录都保持着同样的形式与功能，对于随后劳工阶层自传的发展具有重要影响。[92] 在某些条件下，书中的主角才是其内容的作者。他（有时是她）努力去了解那个上帝已清楚知晓的自己，寻找那条正待他发现的道路。尽管如此，这种形式还是反映出使得个人的世俗人生历程发生转变的两个假设。首先，它断定性格会随时间流变。从孩童长大成人的旅程之中，除了生理年龄增大之外，还有更为深远的改变。个人历程体现为连续的发展探索过程，只有针对整个人生进行调查才能掌握。而在探索的过程中，个人的故事又与时代的大历史交织在一起。其次，它认为向内与向外的智慧之间存在交集："对自我的认知是通往其他知识的钥匙。"商人托马斯·泰伦在1705年写道。[93] 如果没有前者，后者也无法企及。学习始于自省，终于自省。由此可得，家庭关系中的私密内容既属于自传的范围，也是18世纪大量发展的文学传记的研究范围。仅仅研究公开行为不足以了解一个人的性格。这就像街上的行人那样，在公共场合的谈话太过片面，信息量太少，无法展现出个人的全貌，也不能揭示其志向与成就的源泉。[94] 难点在于区分私生活的边界，在表现真实情况的同时尊重其有所保留的权利。

1791年，詹姆斯·拉金顿出版了《詹姆斯·拉金顿前45年回忆录》(*Memoirs of the First Forty-Five Years of the Life of James Lackington*)，这成为一个转折点。[95] 书中生动地描写了他与卫斯理宗的对话，在发现了真理之路后的散逸时代，这种宗教形式获得了许多附和。但拉金顿的旅程没有将他引到上帝面前，而是让他成了伦敦最成功的书商。拉金顿生于一个贫困的家庭，父亲是个酗酒的鞋匠，母亲含辛茹苦地养大了11个孩子，他的文字也开创了逆境成功的文学类型。书中称颂了他白手起家的历程，但也声明这个故事是有特定的受众。这段个人史介入了关于他人品的公众议论——他在前言中写道："关于我的经历，很多朋友常常表示要向我本人求证个中细节，而我的敌人……则孜孜不倦地传播各种对我下一步发展不利的传言。"[96] 就像此后的自传作者们一样，拉金顿在有公众意义的个人行为和属于隐私范畴的亲密关系之间寻求平衡，因为在他年轻时有过不止一次涉及亲子鉴定的风流韵事。不过他出书主要还是为了教诲他人。从自己的生平之中，他梳理出能为读者带来成长的要素："无论我的回忆录是否能为社会带来其他好处，至少体现出本行业惯于坚持不懈所带来的影响。"[97] 他承诺"严格遵守事实，"[98] 这让他的读者感到安心，也让他们愿意为此背书。书中表现了"一位从无名小卒发家的成功者的生平点滴，细节翔实可信"。[99] 从这个意义上说，这本回忆录既是消遣读物，也是对过往人生的备忘，而它的真实性已由读者证明。

拉金顿赖以积累财富的图书生意繁荣兴盛，也让社群能够依赖文字流通而继续扩大，而不是靠面对面的接触。但在这一阶段，手稿书写方面发生了另一项无论是在数量或影响力上都同等重要的变化。查理二世 1660 年复辟的直接后果就是在当年底通过了《邮政法》（Post Office Act），其中明确规定，提供"对所有地区的常规信件递送"。[100] 在新设立的邮政系统的精心管理下，一张单页寄送 129 千米需要两天，更远的地方需要 3 天，寄到苏格兰则要 4 天。20 年后，人口的迅速增长带来了紧迫需求，促使"一便士邮政"（Penny Post）和大量市区内商业及咖啡馆间发展出当日送达业务。这是全世界首个既便宜又高效的大众通信系统。如果在拥挤的街头交谈变得越来越困难，那么脱离实体接触的新闻与信息交换方式就会流行起来。在下一个世纪中，1720 年引入的交叉邮寄方法（即无须再让每封信都经过伦敦）促使全国性网络诞生，而 1784 年开始使用的快速邮政马车又提升了它的速度。尽管官方邮政试图保持全国性垄断，但 1711 年的邮资上升还是催生了一系列非官方邮寄渠道，即让朋友、亲戚和同事帮忙送达。

从中世纪到 17 世纪，通信的作用逐步发生变化，部分是由于基础设施状况改善，部分是由于商业发展加速了人口与信息流动，还有部分是基于读写能力的普及。[101] 对 18 世纪《济贫法》（Poor Law）的研究显示，在紧急情况下，连赤贫阶层都能获得读写能力，并在学习、使用与监工谈判中需要的写作技巧时磨炼得更为娴熟。[102] 苏珊·怀曼定义了"书信读写能力"（epistolary literacy），即掌握句子结构、表达意思、使用可理解的拼写和标点，还要能使用钢笔、墨水、纸张和封泥，了解邮寄的程序和邮局工作时间。[103] 结果是隐私领域被大大扩展，处理亲密关系不再需要实际见面。距离是常见的原因。男人以及越来越多的女人都开始写信，在出差、找工作、求学、务工或外出游玩时保持与家人的联系，前往伦敦的游客还会收到城里亲戚的来信，给他们提供各类方位与设施的信息，比导游手册要更能贴合他们的需求。[104] 在一个特定社群内，通信也被视为可供选择的交流工具。阿什顿因马克菲尔德的罗杰·劳就认为，以一种正式而私密的方式来向他心爱的姑娘一诉衷肠会更有效："我把自己的计划与想法写在信里，寄给了埃姆，很快就得到了结果。在 1668 年 3 月 23 日，我们在威灵顿、我表兄贝金森的宅邸圆满完成了盛大的婚礼，由威灵顿市长沃德先生为我们主持。"[105]

随着通信数量的增加，以及其中代写比例的减少，写信这件事儿在变得更加私人化，这就提升了个体对私人信息的掌控感。通信者将自己的所想所感诉诸纸面，通过信件的寄送与收取来保持一段自己珍视的关系。他们越来越将信件视作私产，在写信时要找僻静所在，希望只有收信人能拆开信件，而不是送信者或家里的其他人。[106] 在 18 世纪的进程中，伦敦在 1767 年出现了门牌编号，以方便寄送，收信人也随之变得更为明确。与此同时，笔谈也为私人交流的管理带来了新的压力。指导如何写信的手册越来越多，尽管它们往往会建议以交谈的口吻来行文，但文字还是不同于口语。"我实在太容易为自己所写的信而担心了，"年轻的达德利·赖德在 1715 年坦陈道，"原因是我在上面花了太多力气，真的是花了太多力气。这不是因为我有很多东西要说，耗去大部分时间的反而是考虑如何表达，而且我总是会在寄出之前反复斟酌。"[107] 这一方面是因为遣词造句还不熟练，另一方面则是要同时想象收信人会如何解读。写信者需要克服无法面晤的困难。由于不能与谈话对象面对面交流，作者需要用文字代替手势、音调变化和面部表情，蒙田在上一章结尾处就隐约表达了这一点。[108] 信件被阅读时并不能得到实时反馈，也不可能交流到一半再进行调整。情况复杂难解，而错误又在所难免。不管当中付出了多少努力，写信人都只有在收到回信或两人会面时，才能确保信件已被妥善收到并拆封，文字也恰当地传达了本意。

家庭之中出现了一系列紧张问题。某种意义上说，对这种交流方式的善加利用能够促进家庭完整，让它的触角伸得更远。父母就算不在身边，也能履行培养管教的职责。1772 年，兰开夏郡的亚麻商人托马斯·兰顿想要检查儿子的学业情况，而此时儿子正在 320 千米外上学："我很想知道你的写作水平是否有长进，在做什么商业计划，读了哪些书，如何规划时间，哪些老师在指导你。"[109] 当父母或子女离家远行，提供精神引领、操作建议、情感与经济支持的方式就得重新安排，但不会就此终结。通过信件，能够讨论与确定商业行为或重要人生决策。同时，通信也提供了逃离监视的方法。随着写信越来越常见，其保密性要求越来越高，这就创造出了新的交流秘道。除了在家里寻找特定时机与场所,或躲到花园田野中,通信也能为私情提供便利。在18世纪初的伦敦,每年都有数以百万的物品通过一便士邮政流转,一天之内就能和对方建立联系。如果距离更远,这一过程会慢一些,但导致的结果同样具有颠覆性。邮政服务使长期存在的婚恋管理问题进一步恶化。1685年7月27日,约翰·艾芙琳家一早起来,就发现家里少了一个人:

> 趁着晚上大家都睡着,我女儿伊丽莎白跑出去和一个小伙子私会,那是约翰·蒂皮特爵士(海军的验船师,一位长官)的侄子。他们第二天就结婚了。那天是星期二,现场一个亲戚朋友都没有,连她父母都不在。我们从来没给这孩子什么压力,会导致她这么不听话,这让我尤其痛苦而惊讶。她是我的长女,完全能够得到双倍的祝福。但我们事后得知,这桩事早就通过信件密谋了许久,还有她在莱斯特郡和伯顿夫人在一起的时候,还有我家附近的私会……我们最吃惊的是他们的行动如此突然,而又如此严密。[110]

通信的私密性削弱而不是强化了父母的监管。鉴于信封上的封印并不牢靠,送信人和本地邮差又都是熟人,伊丽莎白·艾芙琳其实是冒着风险的。但至少从她的角度来说,她的计谋的成功反而预示了未来将要面临的困难,因为通信形式的多样化会大大增加隐私的维度。

自17世纪以来,欧洲上流社会公共活动的兴起也与文字信息相关。[111] 除了在沙龙、俱乐部、咖啡厅等处的面谈,文字也构成了将私人交流变为政治性沟通的一种途径。[112] 一群人可以互相通信或给报刊发信来交换信息、形成意见,新兴的报刊媒体自诞生之日起就大量采用读者来信，有些信是真的，也有些是出于编辑之手。这一过程反映出该时期隐私特征的两方面变化。

首先是重心更多地放在了家庭内部。人们更加看重在与家庭成员或访客的亲密交谈中、在家中阅读思考书籍作品时所形成的价值观与意见。

其次，这种变化轨迹并不是要以表情、举止等多维度信息为代价，而仅用文字交流来寻求个人提升，更不是说印刷或书面文字在到处打压口头表达，而是新的潮流重构了个人与社会之间、正式与非正式谈话之间的互动方式。无论是找到了自己在都市生活和新社交集会中的高级社群形式的街头行人，还是想要一起阅读讨论书籍的读者，抑或通过笔谈来发展或结束的一段关系，不同的联结形式中蕴含着共通的发展方向。没有一种体验能够孤立存在。[113] 尤尔根·哈贝马斯阐述了通信与公共领域之间的互动关系，展现出刚刚萌芽的隐私管理机制所存在的不平等性与不稳定性。这种转变过程是基于读写能力、家庭的舒适性、都市生活的挑战与机遇，同样的，对新隐私行为的参与程度也受限于个体的收入、性别、受教育程度和居住地点。尽管在表面上，理性交谈并不排斥任何参与者，但事实上咖啡厅的客户都属于特定的社会与经济阶层，不管其他人有多渴或是多博学。[114] 从学术研究到参政议政，妇女和没上过学的工匠都会被拒之门外。不过这两类人也没被家庭或工厂之外的世界除名。在广泛的社会工作与娱乐活动之中，妇女有可能占有一席之地并获得尊重。[115] 民意调查结果显示，17 世纪末，伦敦有超过 1/5 的咖啡馆实际是由女性拥有。[116]

国家、公共领域与私人家庭，这三者之间的距离总是保持某种动态平衡。[117] 1660 年《邮政法》颁布 3 年之后，又有一则新公告发布，用来保证新邮政系统用户在通信过程中的私密性：

第 2 章 隐私与交流（1650—1800） 55

> 邮递员或其他工作人员在派送信件的过程中……不得打开非本人的信件或包裹，亦不得在邮件进出伦敦（或其他交付目的地）时予以截留，应当诚实可靠地将原件送达，而不得启封、隐藏、延误。[118]

这在 1710 年被纳入法律，同时入法的还有进一步保护私宅不受政府机关随意侵入的原则，这一并构成了英国及北美殖民地隐私法律的瘠薄基础。[119] 不过，这种保护只能规范送信者和邮差的个人行为。政府首脑仍然保留了权力，能发布秘密许可来搜查疑似国家公敌的信件，自英联邦时期开始，他们就常常使用这种手段。在此期间政府采用了双重监控的手法，在稍作变形后一直沿用至今。政府声称会提供低级安全保障，而且也能大体做到，却在此掩盖下积极为政治目的来窃取信息。对信件保密性有较高要求的人会使用密码、暗语和隐形墨水，来回击这种威胁。邮政系统则会进一步提升自己的信息窃取能力。[120] 在英联邦与复辟的斯图亚特王朝的几次拉锯中，数学家约翰·威利斯作为名扬欧洲的密码破译者而受雇。日益强大的公共领域可以突然从盟友变成反叛势力，在明知这一点时，所有政府都会牢牢握紧手中的权力。而这样一刻终于在 18 世纪 90 年代法国大革命的动乱中到来，对政治以外的私人领域的所有尊重一时间荡然无存。[121] 间谍被派往各个街区与集市，反动书籍的印制与阅读都受到管控，邮件也被实施审查。在法国，公共话语颠覆了旧秩序，然后又被暴露在革命政府下。在高压之下，一切事物都一触即碎，不管是信件封印还是门锁，或是家庭的内部秘密。

第 3 章　隐私与大繁荣（1800—1900）

19 世纪初产生了隐私史上的两条叙事主线。其中一条勾勒出了关于监控个人思想与行为的大讨论，这一争论直至今日仍未平息。如果要为当代隐私状况分析寻找一个历史维度，标准动作就是指向"圆形监狱"（Panopticon）——既可以是杰里米·边沁的原始版本，或者乔治·奥威尔在《1984》中重构的"老大哥"，亦或是米歇尔·福柯在《规训与惩罚》（*Discipline and Punish*）中使用的组织隐喻。[1] 这仿佛预言了隐私的最终命运。正如迈克尔·弗鲁姆金在他 2000 年的文章《隐私之死？》（*The Death of Privacy?*）中所写的那样，自"圆形监狱"以来，"全视之眼或百眼巨人的形象就与实施镇压的权力等同起来"。[2] 最近，格伦·格林沃尔德提出了"无形监狱"的概念，来说明由爱德华·斯诺登揭发出的监视行为所造成的效果，斯诺登自己也用这个词来形容美国国家安全局。[3] 边沁或许会承认，这些新瓶装旧酒的概念毫不逊色于他的版本。在超过 25 年的写作与游说中，他敦促议会实施他的解决方针："惩罚无可救药者，警惕疯子，改造恶人，关押犯罪嫌疑人，雇用失业者，供养无助者，治愈病患，指导产业意愿，培养尖子生。"[4] 在这个冰冷的数字时代，他找到了一种操控行为的经济方法。在他不注意的时候，执政者就已构建完毕从瞭望塔的帘子后监视一切的格局。边沁的观点是基督教教义对社会理论的最后一个卓越贡献。[5]他在1787年提出的圆形监狱构想就如《圣经》中的篇章所写:"汝伏于我路旁,伺于我床侧,窥探我所有行踪。"[6]随后的解说将他的读者带入了这样一个参照系:"我自认为对这个计划赋予的根本优势无懈可击,我是说,巡查者(如果神允许我如此称呼)无处不在,一旦出现便拥有雷霆手段。"[7]一切都无所遁形。只要建筑合理,组织恰当,一切都会在掌握之中。

第二条叙事线则展现出隐私从几个世纪前的壮志未酬到稍近时候的倍受侵蚀,经过漫长的路途,在这一时代走向了顶峰。《私人生活史》第四卷中便有这样的论断:"19世纪是私人生活的黄金岁月,是这一词汇形成并名副其实之时。"[8]新兴的中产阶级将理想与现实条件融合在一起[9],将家庭置于看待自我与社会的视野中心。家庭不再将其成员造就为上帝的盟友,而成为他们在俗世的领地。[10]"上帝在创世之后造出了第一个人,"詹姆斯·鲍尔温·布朗写道,"与此同时,他也造出了第一个家。"[11]对于那些买得起住宅的人而言,隐私就和他们添置的维多利亚式家具一样坚固稳当。如何维护亲密关系的边界,这原本是个宽泛的问题,如今却聚焦到了单一的日常生活模式上来。在男性家长的带领下,家庭构成了共享个人所知的小天地。家庭成员可以互相自由交流,只是要提防家人与为他们服务的仆人间的半渗透关系。不管是外界社会,还是政府机构,都无权涉足家庭的内部交流。家庭可以按自己的意愿决定是否要与外界交流。家长和其他男性成员在家庭中培养道德品质与理性人格,这些都会在更为广阔的商业、职场与政治场景中体现为自身的观点与信仰。

简而言之,第二种说法被摆在了公众争论的焦点位置。为保障史上最昂贵的非宗教民用公共建筑的建造经费,边沁进行了长期的活动，但在经过特别委员会于 1811 年进行的质询之后，这笔费用最终还是遭到了拒绝。主要的刑罚改革者都在监视问题上抨击这个项目。边沁争辩道，秘密管理机制既能够促使囚犯洗心革面，又能让狱警或访客不必接触他们肮脏如疫病的躯壳。他的批评者反驳说，要感化、监控囚犯，让他们走上悔改重生之路，就必须有定期的当面接触，无论这么做有多大风险。边沁提出的技术解决手段是用通话管道连接中央监控室和每个牢房，但这并不可行，即便能行得通，犯人也可能利用这点反过来向管理人员喊话。[12] 要促进了解、改变行为，管理就不可能仅是隔空进行。特别委员会坚持认为"有必要让受任命者在改造犯人的每个环节中都亲身在场，进行管理与查验"。[13] 与监督者、管理者、外科医生，尤其是牧师的频繁会面是无可替代的。这个监狱虽然没有建成，但它的设计却保留了下来。与此同时，在界定隐私范围边界与处理其内部矛盾方面又出现了新的问题。

刑罚政策和整体社会秩序一样，其中的难点在于，既定的认知路径和规训条文要与快速扩张、流动性加剧的社会相适应。英国人口在 1801—1851 年之间翻了一番，到 1911 年又翻了一番。在 18 世纪之前，城镇人口占比的变动不大，但到 19 世纪，这一比例就已经从 20% 变成了 80%。英国成了全世界第一个大规模城镇化社会。詹姆斯·弗农认为，这个压倒性的数字通常会脱离本源，引起整个社会、经济与国家的变化。[14] 个人隐私代表的意义具有两面性。一方面，他或她构建了一方自给自足的小天地，当权者需要与这个所知甚少的实体进行谈判，而另一方面，他们作为丈夫、妻子、父母或儿女组成了家庭单元，这种紧密关系能产生保障新兴工业社会稳定性的价值观与行为。

应对猛增的外来人口成了当务之急,伦敦导览手册的复兴也反映出这一点。1820 年,皮尔斯·伊根开始以连载的形式发表《伦敦生活,或杰瑞·霍索恩先生和他优雅的朋友、科林斯人汤姆,由牛津学生鲍勃·罗吉克陪同,在大都会区漫游与狂欢的日与夜》(*Life in London; or, The Day and Night Scenes of Jerry Hawthorn, Esq. and his elegant friend Corinthian Tom, accompanied by Bob Logic, The Oxonian, in their Rambles and Sprees through the Metropolis*)。[15] 书中再次使用了老套路——见多识广的朋友带领着无知的乡下人,向他介绍都市的乐趣与危险。它是沃德《伦敦密探》风格的直接延续者,但由于阅读市场的成长,其影响力被成倍放大。《伦敦生活》中加入了乔治·克鲁克香克绘制的大量插图,一经问世,几个月内就衍生出了一系列周边产品,包括印刷画、杯垫、鼻烟盒、手帕、扇子、屏风、歌曲和盗版文章,并有至少 6 部改编剧目在伦敦剧院上演。[16] 汤姆和杰瑞汇入了流行文化的血液。纵览他们在 19 世纪的发展历程,这部剧目可以说是最为成功的剧场版,"随后席卷了整个英格兰、爱尔兰、苏格兰和威尔士的剧院,接着是美利坚合众国,以及西印度地区"。[17] 伊根的这个产品的成功,一部分是由于它真实可靠。读者被带着走过真实的街道,他们进入的集会厅、剧院、俱乐部、小旅馆、体育场馆和酒吧,都可以在现实中按图索骥。欢乐的邀请每时每刻都在发出,他们可以从中选一些试试,也能从常客那里学到生动的行话。通过不同媒介接触并消费这些场景,让城市居民有了一种归属感。它为外来者和短期游客提供了一份地图,而对于视伦敦为遥远梦想的人来说,它也不失为一种消遣。[18]

与此同时,《伦敦生活》也是一场表演,无怪乎其中的"场景"能如此成功地被搬上舞台。它的模仿者都将目光聚焦于在各个公共场所活动的人物身上。查尔斯·韦斯特麦考特 1825—1826 年所著的

《英国密探》(*The English Spy*)借鉴了沃德的书名和伊根的情节，声称："生活是个舞台，人是其中的主角，剧作家必须从中撷取最美的素材，描画到大自然的不同场景中，标记出各色人等变化多端的人生轨迹。"[19] 旅行者和他的向导（可以被称作"鲍勃小队"）穿街过巷，而不必担心惹上一身灰。[20] 伊根解释道，城市中的危险无处不在：

> 因此，作者为他的读者们选择了暗访摄像式的视角，不仅是出于安全考虑，还因为这很隐蔽，具有无与伦比的优势，能够暗中观察又不暴露自己……不必冒着水火之灾、手脚伤残、被打肿眼睛、丢失财物或进看守所的风险，不用担心因为捎上一个妓女就被安上行为不端的罪名扭送给治安长官，就能将伦敦的生活尽收眼底。[21]

要认识伦敦，就要将它作为一个复杂的整体来接受，这让伦敦越来越难以成为外来者的乐园。越难通过直接体验来了解全部街道与房屋，寻找另一种了解途径的需求就越是迫切。除了指南类出版物和周边产品外，娱乐业大亨们还发现了全景图的市场需求，即将大量各类建筑呈现在同一张地图中。其中的登峰造极之作便是托马斯·霍恩的《伦敦全景图》，于1829年在雷金特公园新建成的伦敦大剧院中展出。[22] 它所展现的是观察者从圣保罗大教堂穹顶上远眺所能看到的方圆32千米范围内的城市场景。[23] 这是形式与内容的完美联姻，通过世界最大的油画纵览世界最大的城市。民众愿意花钱去看自己居住的地方，这反映出他们坚信自己正置身于当代的奇迹之中，个中精髓只能通过文字或视觉媒介来掌握。

想要了解街道的实况，又不愿真正置身其间，这表明公共与私

人的界限正在发生变化,而不是彻底崩塌。在《英国密探》中,查尔斯·韦斯特麦考特辨析了合乎理法的探查方式:

> 从王座到茅屋,哪里有人,"我们便在哪里飞翔",乘着嬉乐幽默的翅膀,用钢笔和铅笔绘制出事物的逼真肖像。无须撕开隐私生活的神圣面纱,而只要在公共权利范围内捕捉人物,就能带着调侃的意味写出讽刺作品,证明我们是诗人一派。[24]

到这时,隐私已经是妇孺皆知的概念,甚至被用滥了。"神圣面纱"既体现出其道德力量,也说明它实际上很脆弱。韦斯特麦考特后来成为新闻工作者,他发现要以合法的方式进行观察十分不易,对伦敦生活的描绘也仅限于某类人或某种职业,或是知名人士的公开行为,或恶意违背了公序良俗的人,只有这些人才能作为评论的对象。从这个角度来看,隐姓埋名的权利属于家庭,而不属于街头。从大门关上的地方开始,不受窥视的权利即告生效。德国观察家马克思·施莱辛格着迷于家庭内部交流中的微妙礼节:

> 学习门环的语言要比学习英语难多了,很多门外汉都觉得它才是最难掌握的乐器。你得耳音灵敏、手法娴熟,才能让自己被充分理解,而不至遭到评头论足。站在城堡大门前时,不同社会群体会用不同的敲门节奏来表明身份。邮递员会重重地连续拍两下,访客则会轻柔而坚定地敲出一个颤音。房子的主人渐渐走近,仆人大声通报,猛地扭动门环,满怀好意地拉开大门,简直连地基都要摇晃起来。小贩、屠

夫、送奶工、面包师傅、菜商则连门环都碰不到,他们得摇铃来和厨房交流。[25]

在门槛以外,能见度就变得越来越重要。伦敦街头在 1807 年首次出现了煤气灯。到 1875 年,伦敦已经铺设了 8000 千米的煤气管道,这让伦敦成为第一个工业化不夜城。[26] 此时要追求的是找到相遇与相知之间的恰当平衡。黑暗的小巷已不复存在,人们无处可躲。城镇的法条规划都更倾向于开放原本封闭的场所。[27] 每条道路都要彼此相连,以促进交通及减少私人场所。在 1835 年的《公路法》(Highways Act)颁布后,主干道的宽度都受到统一规制,人行道被专门划分出来,用于实现人车分离,让出行更加安全。人们可以自由在街头会面,但得稍微快些。在新版伦敦导览面世时,法规已经要求行人必须保持行进。1822 年的《流浪者法》(Vagrant Act)已经在司法上区分了穿过公共街道的行人和在街道旁无目的游荡的人。[28] 因此,长时间驻足并交谈被视为可疑的举动。[29]

在 19 世纪后半叶,城市运输系统发展起来之后,城镇的扩大及与之相关的交通革命从收费公路开始,随着全国铁路网的建设达到高潮,并重塑了公共场合陌生人的相处模式。18 世纪的大多数旅行者都是依靠步行,三两成群,有足够时间来彼此相识。坐得起长途马车的人需要在途中不时停下来喝水、用餐和住店。马车里的其他旅客都是类似情况,大家便有机会在车上攀谈。正如乔·古尔迪所写:"旅行中的社交体验能鼓励人们更加开放。"[30] 随后的交通提速让旅行变得个人化。比起马车旅馆,火车站的空间私密性要差得多。火车上有更多陌生旅客,而且从 1860 年开始,走廊式的设计就代替了封闭包厢,让人们不必再受幽闭恐惧症和强行拉近距离之苦。通勤交通网的发展缩短了路途上花费的时间,但也进一步减少了认识同行者的机会。除了都市环境导览之外,新出现了旅行类读物,其中就如何避免目光接触、如何在拥挤空间里保持距离提出了建议。[31] 火车书摊中演化出了特有的文学类型,读书进一步让旅客从周围的同行者中抽离出来。

与此同时,原本作为社交行为的长途步行如今也被赋予了新的意义。这种旅行方式与不断提速的公路、铁路背道而驰,安妮·华莱士用"审慎地漫游"来形容其中的乐趣。[32] 到1800年,导游手册不再只覆盖激增的城市街道,也有专门为偏远乡村印制的版本,那里的美景正在等待被人探索。纵观19世纪,受过教育的中产阶级都会成群结队开展一日徒步或时间更长的徒步活动,也有人愿意独自出游,雀跃着逃离人群的压力。[33] 威廉·黑兹利特受到朋友华兹华斯的影响,在1821年写下散文《在途中》(*On Going a Journey*),其中的语言是浪漫主义人格范文级别的表达。"旅行是世界上最愉快的事之一,"他写道,"但我喜欢一个人上路。我在室内可以享受社交,但在户外,大自然已足以为伴。我的孤独感从未比独处时更少。"[34] 独自前行能让人深度自省,这是身处嘈杂人群之中所无法得到的:"这些时光都献给了静默与沉思,将被珍藏在记忆中,并滋养着此后令人不禁微笑的念头。"[35] 这是一种新的个人祷告,只是上帝被换成了壮丽的自然景观。最终,都市大众也跟上了这批高层次逃离者的步伐。在19世纪末20世纪初,由于工作时间缩短,加上火车票便宜,让人们能够组织远足,离开烟尘弥漫的城镇。[36] 此时地主们感到沮丧,专心于祷告者感到厌恶,与之相伴的是世间一切。作为另一类暂时离开拥挤的房屋和街道的方式,休闲垂钓也遵循了类似的轨迹。过去一个钓客可以独占一条满是虹鳟鱼的溪流,但随后涌入了不少劳工阶层的粗人,随便找个最近的河岸,便加入了垂钓比赛的激烈竞争。[37]

从乡村前往城市的短期或长期旅行里，一个基本动机就是寻找娱乐消遣。人群的聚集让娱乐业的机会翻番，也促使资金投向这盛大的资本密集型产业中去。在 19 世纪的人口增长第一阶段中，城市的主流娱乐方式就是去剧院。随着交通越来越便利，社会割裂也在加剧。由伊根的《伦敦生活》改编的剧目面向所有观众，只是粗略地以价格区分，包厢座位需要 3 到 4 先令，二等座 1 先令，晚间演出中场休息之后再入场则只需要 6 便士。除了极其贫困者，舞台下能看到几乎所有社会阶层的人。[38] 就像《英国密探》中描写的，"对于时髦人物来说，唯一能接受不同社会等级的人混在一起的公共娱乐场所就是剧院。在这儿，他能在舒适的一等包厢里随意斜靠着，保证不会被粗鄙的目光打扰，可以研究研究剧场里满座的各色人等"。[39] 观众数量实在太多，泰晤士河两岸各有 4000 个停车位，而最贵的好座位永远都不够书记官和艺术家们分。[40] 继《汤姆和杰瑞》（*Tom and Jerry*）之后，大都会剧院的第二部轰动之作是约翰·普尔 1825 年所著的《保罗·普赖》（*Paul Pry*）。它的成功立刻带来了至少 3 部仿版。不过一年出头的时间，这部戏总共吸引了约 50 万名观众，而当时伦敦的成年人口也不过 100 万。此时这些作品都已能传到偏远城镇，还在纽约演出。[41] 一部以烦人的刺探个人私事为主题的剧目却能一晚一晚聚集起各路观众，大家一起哄笑着观看保罗·普赖的胡作非为和碰上的倒霉事儿。这部戏标志着对隐私的现代大争论的开端，但也开启了都市流行文化集体消费的下滑之路。在伦敦东角新开的剧院已经没有那么多客源了。[42] 1843 年的《剧院监管法》（Theatre Regulation Act）进一步加速了这种变化，它使非音乐剧的上演限制最终得以解除，同时强化了中产阶级剧院与不断增加的音乐厅、小戏院之间的分隔。[43] 伦敦的各个皇家花园在 18 世纪中叶一度吸引了各色人等前来散步，却也在这个时候丧失了它们的跨阶层魅力。沃克斯豪尔花园曾代表了时尚娱乐的最高水平，此时却日见粗鄙，最后在 1859 年关门大吉。[44] 娱乐活动不再是在特定社交圈子以外建立联系的机会。

　　印刷品的高产是引起变化的另一原因。总的来说这增加了居家放松的机会，而那些文学爱好者可以足不出户，就享受到戏剧带来的乐趣。在 1825—1850 年间，积极进取的书商就开始发行戏剧和喜剧的翻印版，供人们在家中阅读。约翰·邓库姆和约翰·坎伯兰出版的《英国戏剧》（*British Theatre*）重现了一大批舞台作品，你可以重拾演出当晚的美好回忆，或是带家人朋友自排自演，所费却不过一张座席票钱。自助排演手册、戏服和道具一样唾手可得。更富有的家庭里，孩子们还能获得剧场模型，里面有点着蜡烛的微缩场景。乡间的宅邸更加宽敞，就像德文郡公爵 1833 年建的查茨沃思庄园，其中会建造私人剧院供家庭聚会观看。[45] 19 世纪早期典型的集体娱乐活动现在却成了家庭娱乐，这反映出家庭功能的深远变化。生活水平的提高促使人们增加投入，以便能不出家门就享受到各类丰富活动，对于城市中产阶级来说尤其如此。

　　正如我们所见，比起一些 19 世纪的家庭故事，寻求家中的舒适与幽静从更早之前就已开始。从中世纪晚期起，一些有钱人就已经寻求从卧室分离出一个至少是半独立的空间，并且坚持将家门内外的生活划清界限。这本来是种演化过程，但是对物质与模式化的追求使其变得如同改革。随着商业日益繁荣，职场家庭更加富裕，终于可以不只将睡眠区从起居室分出来、将厨房与餐厅分开、将公共接待室与私人社交区域分开，也能设想孩子的育儿室、教室和独立卧室，还有衣帽间、晨间起居室、缝纫室，并以书房或藏书室代替了偶尔使用的私室。[46] "客厅"（sitting room）和"休息室"（lounge）这两个词在英语里出现的时间分别是 1806 年和 1881 年。[47] 更大的乡间住宅从 17 世纪末就开始建有走廊，进一步将公用厅堂与家庭环境隔开，将每个房间和逡游其间的人们隔开。仆人们不管来了多久，都要住在专门给下等人预备的地方，通过黑暗的楼梯进出。18 世纪末拉铃带的发明，意味着仆人不用再追随管家左右，等着被随时传唤即可。[48] 家最主要的目的就是清静，这是变化的动机，也为变化带来了便利。[49] "无论房子有多小、多紧凑，"罗伯特·克尔在他的英式住宅规划指南中写道，"家人都得拥有隐私，仆人则要过得宽敞，整个住所必须低调优雅。"[50] 他列出了一位绅士的房子所具有的 12 项关键属性。其中必不可少的包括"宽敞"、"有益健康"和"典雅"，但最重要的就是"隐私"。这既指与外界的交谈，也包括家庭内部的谈话：

> 对于最上层的英国人来说，首要原则是家庭房间必须隐秘，还有家中的道路也最好如此。这成了重中之重，因此无论规模多小，仆人宿舍都得与主屋分开，这样就能让各自边界内传播的信息互不可见、互不可闻。[51]

有意识地收回目光成为必要之举。"当然，"建筑学家史蒂文森写道，"任何情况下仆人都不能窥视主人家的私生活，而当他们在仆人的起居室或宿舍里时，也有权不受主人监视。"[52]

房间数量越多、墙壁越厚，个人就越容易找到独处的机会，捧本书或拿支笔，想着自己的事儿。但由于小孩、仆人和访客总是不期而至，这种宁静可不是随便就有的，需要努力争取。一贯以来，在室外总是更容易独处，因此花园也成了城市住宅区的标配。[53] "篱笆不仅能明确边界、保障安全，"比顿在《花园管理手册》(*Book of Garden*

Management）一书中写道，"它们还传达出权属与隔绝的意味，其品位如何、是否缺失，也体现了住宅的自身品质是否优异。"[54] 这片种植着鲜花蔬菜的空间并非要取代室内的隐私领域，而恰恰是其延展，能让人免于被邻居或路人的视线与擅入所扰。[55] 房子里的住户越来越为领地空间而争斗。维多利亚时代早期的中产阶级装修方式相对比较空旷，此时却让位于彰显财富与囤积的热情。[56] 与道德规范相关的是糟糕的品位，而不再是过度消费。过去人们定期移动家具，来满足现时的活动需要，而如今住户得小心绕开笨重的椅子、桌子、衣柜和床，还要躲开堆满装饰物的架子和橱柜，以免碰翻了什么。[57]

　　随着家中雇用了更多仆人来维持房间整洁、准备一日三餐，家庭成员及其他亲戚访客之间就有更多时间用于互动。人们可以读更多书、写更多信，但在大多数时间里还是在聊天。家庭图书馆被视为社交场所，妇女尤其被鼓励要大声朗读，并与别人讨论阅读的体验。[58] 如果说19世纪能被称为什么东西的黄金时代，那一定是亲密谈话。此时的家庭成员不再像早先那样需要在家里工作，也不像在此后的小型家庭单位里一样各自沉浸于数码产品之中，他们会在每天的日常互动中面对面交流。小孩子往往组成家庭的半数，他们在一起玩儿，或者去找堂表兄弟，他们的妈妈会和其他母亲一起聊闲天。父亲们下班回来，会给已过了婴儿期的孩子们读书或者和他们一起说话，特别是男孩。夫妇俩会在卧室里说些悄悄话，这里是他们独占的领地。当一家人晚上聚在一起时，消磨时光的方式都与说话有关——传播新闻、讨论人事、为彼此朗读、玩游戏、排演戏剧。人们普遍关心家里的交流别被仆人偷听了去，这表明谈话里搭载着隐私信息。这些话语的含义是基于交谈者彼此熟悉，还有手势、语调、面部表情的加持。

虽然中产阶级家庭的隐私意识与实现能力都在进步,但还不能说隐私管理已变得更加容易。不管从哪个角度来看,情况都更加复杂,令人加倍焦虑。家庭组成是从一开始就存在的基本问题。只有约 1/3 的家庭只由夫妇二人组成。在 19 世纪中期的英国,将近一半的家庭包含至少一名其他成员,可能是寄居的亲戚、仆人、投宿者、住家学徒,或者旅行者。[59] 有人愿意收留寡居的祖辈、无父无母的亲戚孩子,或是一时还没落脚之处的同乡,这就相应减少了街头的无家可归者。一家之主越是成功富足,家里就越可能住有仆从。随着经济水平往下走,家庭就更可能与雇工或房客同住,以获得一点儿经济收入。这并不是说家里会住满陌生人,但随着家庭成员的变动,会产生或重构不同的亲密关系。一个远房亲戚的孩子大体上会被认为是大家族的一员,很快就会与自家的小孩打成一片。一个房客则更像是个不知来处的过客,或只是在饭桌上露个面的熟人。正如托马斯·莱特通过亲身经历所说明的,这样的人最可能的命运就是被边缘化,既不是家人,又不是外人,义务不少,权利却不多:"虽然按商业法则来说,他已经付了费用,在家中的一举一动都可以自己掌控,但不仅是他的女房东可以对他批评挑刺,连她认识的三姑六婆都能对他评头论足。"[60] 仆人一般流动性比较高,但至少有一些能获得信任与喜爱。在这个形态多样的社会单元中,夫妻两人作为一家之主,每天都要应对关于谁应当知道哪些信息的新问题。就算他们能躲在房间里悄悄交谈,也要不断面对厘清个人信息边界的决策判断。反过来,这两位家主也各自和其他成员之间存在亲密关系,还并不一定彼此重合。

要维持隐私的物理环境,就需要持续关注并做出决策。自伦敦大火重建以来,城镇快速大规模建设扩张,意味着房屋更可能与时代保

第 3 章　隐私与大繁荣（1800—1900）　69

持一致。而理想与现实的冲突永恒存在。大多数房屋都用于出租，如果租户想要住得舒服妥当，面临的难题就是要么说服房东投资改善，要么搬到新建的房子里去。所有有关个人品位的内部装修，租户都无权置喙。正如杰维斯·惠勒在《寓所的选择》（*The Choice of a Dwelling*）中指出的，"在伦敦，很少有住宅能由私人完成建设，除非他刚好就是房东"。[61] 19 世纪城镇家庭常常需要搬迁，随着经济情况波动从街道这头搬到那头，搬进或搬出气候更宜人的区域，这让家庭更像是一辆大篷车，而不是带有吊桥的坚固城堡。[62] 人们总有冲动想为隐私的剧本找个更好的舞台。而想要按照预期的模式来生活，很大程度上有赖于装修设计的诸多细节。罗伯特·克尔尖锐地批评了为新城市中产所建房屋的种种缺点：

> 不用说，由于多数房屋设计粗陋，访客与商人得在唯一的入口处挤成一团，太薄的隔墙则会让洗涤室或煤窖的噪音传到餐厅或书房，让人烦躁不堪；厨房的窗子在夏天会形成一个回声湾，正好兜住从客厅窗子传出的谈话声；门廊或楼梯正对着厨房门口，要么完全暴露在碗柜或灶台边的人的视线下，要么让整个房子充满了难闻的气味。那些普通的郊区别墅从租金水平来看应当算是好房子，但事实并非如此，熟悉它们的人一眼就能认出上述描写毫无夸大之处。[63]

除了那些收入和品位都很有保障的人士，其他人要获得理想的隐私环境都挺费劲儿，而且往往难以实现。

在 19 世纪后 1/3 时间里，英国家庭逐渐采用了管道系统，这也带来了一系列新麻烦。除非这所房屋自规划之日起就已经设计了一整套互相独立的盥洗卫浴系统,否则住户如果想在解决个人问题时保留点儿隐私,就得将上下水管道和封闭空间安插到现有的房间与楼梯之间,同时明确使用权限。就这一点而言,大多数城乡人口其实还都住在18世纪。到屋外盥洗或打水势必要与邻居发生合作或冲突,即使在水管和下水道都已被纳入现代化网络的地方也是如此。对住宅密度的首次系统性调查发生在1911年,结果表明有3/4的英国人还住在只有一到两个房间的住宅内。[64] 最好的状况是上层劳动者已经开始租住多层住宅,将睡眠区域与日常生活区域分开,一楼也可以按各项功能分区。他们渴望获得的东西已成为一间私密好房子的标志:为爱侣准备的休憩空间,能够容纳正式访问或婚丧仪式的地方。[65] 不管是露天阳台上不怎么使用的豪华会客区,还是中产家庭内宽敞雅致的招待室,在扩大隐私领域的问题上,都不如将隐私领域融入日常生活区域中。

最后还有一个问题,就是如何在边界更明晰的公共和私人领域之间来回切换。这个问题的难度随着地点、阶层与性别不同而大相径庭。在乡间,居住条件鲜有提升,因此周边的花园与小巷就成了弥补手段。弗洛拉·汤普森在19世纪末的牛津郡长大,他描写了这种封闭环境下成长的孩子们感受到的不适与做出的相应调整:

> 没有哪间农舍能有两个以上的卧室,当男孩和女孩都长到了十几岁时,就会变得很难安排,只要能送走哪怕一个12岁的小姑娘,也能给其他人多腾出点儿空间。当家中大点儿的男孩开始发育时,第二间卧室就成为男孩们的房间。男孩们无论大小,都要挤到这个房间里,而还没离家的女孩们则要睡在父母的房间里。她们也有自己维持体面的要求,

父母与孩子的床之间会用屏风或帘子形成隔断,不过这仍然只是权宜之计,很让人恼火,局促,也不方便。[66]

但屋外的世界总归存在,尤其是对于孩子来说,当他们在村庄和周围的田野游玩时,等于把家中的围墙捅得千疮百孔,而大人们对此常睁只眼闭只眼:"身边的事儿对他们都不加遮掩,大人在孩子面前随便讲闲话,显然认为他们不会听,也不会有人理会他们。而且由于每座房子都对孩子们敞开,他们自己家也来者不拒,没什么能逃出他们敏锐的小耳朵。"[67] 尽管北部工业城镇布局紧凑,步行就能到达周边的村庄,但城里的劳苦人民还是失去了房子附带的后花园,这是他们在城镇化过程中付出的代价,在伦敦尤其如此。在 19 世纪末,只有少数精英分子能在屋门前建造小小的前厅,经由此处望着邻居们来来往往。

中产阶级的孩子们不再能自由上街玩耍,他们的母亲也面临着更多束缚。近期有研究描述了当时男性与女性的严格隔离。不过除了精心安排的社交或购物活动,还是存在参加其他外部活动的机会。女性的组织才能与改革热情在一系列慈善活动中找到了释放的出口,特别是那些访问贫苦家庭、提供财务及家政管理建议的活动。[68] 这类事业假设贫穷会侵蚀掉家庭隐私权,但那些受访者可不这么想,他们奋力保卫自己的家门,要进门去,就得拿出真正的服务来。[69] 家庭访问意味着可敬的家庭主妇们暂时转移到其他阵地,去履行自己的社会与宣传职责。活动管理方期望志愿者们仍要以家庭日程为重,别让宣传热情干扰了自家的年节安排。但她们的父亲和丈夫却有权脱离家庭角色,通过职业与社会活动立足,他们的难处仅在于需要切换不同身份。约翰·托什关于当代男性气质的研究中有一个案例,对象是一对

19 世纪中期在约克郡结婚的夫妇。丈夫野心勃勃，为了生意而四处奔波，并不想把自己局限在新建立的小家庭中；而这个新家及其邻里社群则成了妻子的全部世界。他发现在通信过程中，得在商业语言与情感语言之间不断调整，而两者都不容易。这种压力最终得以缓和，一部分是源于两人逐渐发展出深厚的身心联系，另一部分是因为这对夫妇都投入了基督教福音的怀抱，不过这只会在家庭中有真正体现，商业环境则不行。[70]

人们越是被限制在私生活范围内，就越发看重虚拟隐私，对于女性而言尤其如此。正如我们所见，从中世纪晚期开始，信件就已成为维系社会关系的脆弱纽带。到 18 世纪末，中产阶层社会对邮件的使用就已司空见惯。[71] 采用寄达付款制的便士邮政在城镇中随处可见，让改革家深信建立史上首个全国性通信系统的可能性。[72] 平价预付费机制既能避免需求受限，又能控制成本。改革的大潮在 1840 年由英国的一便士邮政开启，并很快风靡全欧洲乃至北美，研究这一时期的历史学家们着重强调的，按伯恩哈德·西格特（Bernhard Siegert）的说法，是"媒介技术史上"的一次"裂变"。[73] 不过从实际情况来看，这种创新仍然有其延续性。对通信的大量需求早已初露端倪，而在地区以内或之间以较高速度传递信息的途径也已经存在。大容量的邮政马车速度已经很快，而新式火车又带来了进一步提速，可谓意外之喜。机械的创新尚在其次，更关键的是其设计目的。一便士邮政的支持者首次指出它对隐私具有促进作用。1837—1838 年的特别委员会正式表明支持罗兰·希尔的项目，并发表了一系列观察证据，证明它有助于维系日益分散的劳苦大众之间的联系。"我毫不怀疑，"一位见证者指出，"因为穷人心中也怀有同样的情感，他们很快就会形成这样的喜好，与远方的亲朋交谈并乐在其中。"[74] 由于职业变动和城镇化的关系，劳工阶层的流动性越来越高，这也威胁着他们的精神与物质支持体系，让同宗同族变得形同路人。能让他们远距离维持亲密关系，就能强化家庭作为情感与惩戒单位的作用，有利于增强社会凝聚力、发展经济及维护政治秩序。这常常能打动饱受相思之苦的妇女，她们或有外出工作的丈夫，或有离家的子女。[75] 这场运动紧紧围绕着私人通信与公共教育的轴心，形成了一项成本高昂的创新。国家同时投资于基础教育与价格低廉的邮政服务，两者相辅相成。识字教育使人能够读写信件，而对通信需求的觉醒又反过来增加了教育需求。[76]

在早期，改革后的系统回报并不如意，但随后便开始稳定增长。[77] 在 19 世纪，英国人均通信数量从 8 封增长到 60 封，位列欧洲邮政通信量之首，是新兴竞争对手德国的整整两倍。有限的统计证据表明，尽管不符合最初的设想，但中产阶级人士才是国家投入的最主要受益者，他们借此在不断延伸的社会与家庭网络中拓展业务、维护关系。刚受了点儿教育的人还没养成书信往来的习惯，直到 19 世纪末出现了半便士一张的明信片，对格式的要求因而有所放松。[78] 在那之前，收信或写信都并不常见，而且往往是集体活动。不过即使在改革之前，也已有迹象表明，可靠的邮政服务、基本的读写能力和印刷产业化能够共同改造面对面的情感表达。在乔治王时代末期，情人间的手写卡片就变成了商业产品，这显然是对 2 月 14 日信件的曲解。当收信方不必再承担情人来信的邮费时，信件量进一步增长。[79] 在 1850 年的情人节，查尔斯·狄更斯透过位于芒特普莱森特的伦敦中央邮局的窗子向里张望，并惊叹道："那些容器里安静地存放着成百万行热情的话语，汇成语言的尼亚加拉瀑布倾泻而过，却连一点一滴都没有留下。"[80] 大多数情话都是批量生产的打油诗。[81] 由于购买和寄送邮件十分方便，就使得文字与情感之间产生了间隙。卡片不再能表述情感，而只是个象征符号，它们的统一制式能够带来随后的亲密谈话，但也可能成为阻碍。

在虚拟隐私方面，老式的通信技术直到 20 世纪仍占据着主流媒介的地位。当一便士邮政开始应用时，电报技术也正在研发之中。它能使通信不再受时间与距离的限制，这让当时及以后的评论者都兴奋不已。[82]"每个人都知道信件在日常生活中有多重要，"一篇关于欧洲发展的早期调查评论道，"但我们很快就要进入新的时代，所有社交与商业通信都会通过电报完成，而从邮局寄出的信件则只会被用于核实电缆所传输的信息。"[83] 全国电报网在 19 世纪 40 年代末就已铺设完毕，1852 年在巴黎进行了首次跨国通信，在经历多次失败后，首条横越大西洋的电缆在 1866 年投入使用。[84] 电报服务应用于部分商业、报纸和通讯社，让大英帝国有能力管理日益扩张的疆土，也让国内外时间计量得以标准化。不过，尽管电报与数字革命有着隐约的相似性，它却没能成为维多利亚时代的因特网。[85] 到 19 世纪末，社会交流的主要方式仍然是语言与文字。即使是在时空差距都更大的美国，理查德·约翰写道，电报"仍只是一种特殊服务，客户仅限于商人、议员和记者"。[86] 一部分问题出在成本上。虽然当时可发送的信息量实际上可以达到无限，在英国境内也不受距离限制，1874 年国际邮政联盟建立后还实现了不限距离的跨国传输，但电报是按字数和里程计费的。在早期英国电报网中，要花 13 先令才能将 20 个字的信息从伦敦发到布里斯托尔，相当于一个工人一周的工资。其次，这里面还有保密性的问题。信件可以用新发明的量产涂胶信封来密封好，只有借助政府许可令才能打开，而电报技术则要求操作员把要发送的内容逐一念出来。虽然这些职员都被要求"对所有电报内容、业务及其他事项严格保密",[87] 但政府与商人都仍对敏感信息感到忧心。电报业直接导致了加密信息的复兴。人们投入大量精力来隐藏信息,如历史学者所言,"成就了今天的密码学"。[88]

电话是19世纪的第二场电子通信革命,同样也经历了高期望到低使用率的落差。这次的费用麻烦更大,而且通话双方都需要支付。由于技术尚不稳定、资本要求激进、公共基金受限,在1875年后诞生的电话网络既无效率,又很昂贵。收费方式是高昂的统一服务费,结果就是只有少数用户能在家中安装电话线,但可以无限量进行通话。在第一版专利过期20年后,一项国会调查指出:"付得起固定年费、通话数量也够多的人往往会认为这笔费用物有所值,这种通信模式能使他们自身受益,而他们的通话对象所付的费用和他们差不多,使用频率也类似。"[89] 但接线员的存在又对保密性构成了威胁,早期的人们还得大声吼叫,来盖过线路的杂音,这再次带来了被窃听的问题。贝尔的这项发明在美国更受欢迎,因为电话可以用来串联起各个孤立的农庄,但早期的合用线路也会令人担心窃听的可能。[90] 这项技术不再需要读写能力就能使用,而此时的挑战就是如何对着电话那头管理好家中的隐私。接听电话就等于对未表明身份的访客甚至商贩敞开大门。电话用户保护协会的负责人对此辩解道,让仆人来接电话就会好得多。[91]

新技术并没有为虚拟隐私领域带来进步,反而回退到了前一个时代,大部分人只在家里出现危急情况时才会使用电话——或者根本不用。正因为如此,人们又和前几个世纪时一样,对走出家门后要如何交流忧心不已,所差只是程度不同。一便士邮政的机制设计可以让信件寄送过程完全无须语言交流,比如通过在前门安放邮箱,就不必在寄信时和邮递员讲话,或者对邮寄费用讨价还价;路标和门牌号码则让邮递员在寻找地址时不再需要询问。但人们更喜欢使用高级字眼，这就延续了集体写信、读信的需求。[92] 关于如何写信的小册子层出不穷，其中进一步警示了书信交流的安全性问题。"记住信件是可能被送错的，"1876年的一本指南这样写道，"可能被人误拆，被收信者之外的人读到，如果信中内容会对任何人不利，请务必格外留神。"[93] 由于妻子和年长些的孩子都很容易偷偷使用邮箱，这就对家长的权威进一步形成威胁。除此之外，要想象一个不在场的谈话对象也仍然不太容易。劳伦·伯兰特指出："通信的问题在于谈话缺乏背景，而密谈也无法亲近。"[94] 尽管写信被一直强调是种礼貌的交流方式，但语言作为交流的支柱，却完全缺席了。另一方面，也有实际证据表明虚拟隐私领域得到了扩展。人们有史以来第一次能够计量一个国家的通信活动，而每天身着制服出现的邮递员成了19世纪最为人熟知、也最受欢迎的国家形象代表。[95] 但与此同时，这也会产生无尽的不确定感，因为说话对象并不在眼前，而未收到回复时也会像威廉·德克尔形容的那样感到有"种种无法证实的可能"。[96]

隐私的作用源于背叛的可能。对私人信息的保护与侵犯相克相生。隐藏的内容越多，曝光的动力越足；外部威胁越大，房子的围墙就越厚。让隐私在19世纪显得摩登的并不是对独处的渴求——这已经有很长历史——而是公开与隐匿之间的辩证关系。约翰·普尔的戏剧版《保罗·普赖》在乔治王时代晚期的伦敦获得了巨大成功，其中的一句台词捕捉到了这种紧张关系。"但愿我没有冒犯什么"，这其中的否定既表达了对侵犯隐私的高度敏感，同时也带着对别人私事的好奇与兴奋。[97] 在戏剧结尾，保罗·普赖对女主角的求爱遭拒，因为他实在太爱打探。"呸，呸！"他愤愤不平地答道，"探究精神是我们这个时代的伟大特征。"[98] 好奇是种具有颠覆性的举动。对它的赞颂升温意味着开放战胜了封闭，理性战胜了阶层，美德战胜了虚伪。[99] 这是构成发展中的自由政体所必需的，国民应当自由探究自身所处的环境。[100] 且不说别的，发掘信息本身就结合了活力与乐趣，不论是发现新知识，还是揭露已经存在的问题。[101] 这种精神影响了许多领域，娱乐、文学、新闻、政治，只有探索精神才能带来满足，只有积极宣传才能赚到钱。

以皮尔斯·伊根的著作与戏剧的成功为标志，关于隐秘伦敦的指南类读物在19世纪20年代伊始达到了顶点，而在此时又获得了新的优势。进一步明确调查的合法边界变得很有必要。在这本发行近半个世纪的期刊首册中，《保罗·普赖》承诺"不会凭借中伤个人或私生活来立足，而是要以英勇无畏的气概揭露在过载的都市中泛滥成灾的各类骗局"。[102] 记者和警察在19世纪前中期都获得了新的职业定位与影响力。[103] 不过，随着日报与周刊内容范围日益拓展，编辑们发现，比起警察，他们认可并贯彻职业道德标准之路要长得多，也没那么完善。如果公共领域的新闻业龙头要求政府重视此事，那么层次较低的同行恐怕就得事事打官司了。一系列企业家都与蓬勃发展的色情文学市场有着紧密联系，他们正在探索如何将隐私变为金钱。

他们的利润来源于人们对八卦的热衷，并将传播方式从口头变为纸媒。19世纪的城市街区高速发展重塑了施行群体规范的古老方式，也滋生了对色情的好奇。[104] 它对可耻行为予以曝光，但自身在道德上也有瑕疵。[105] 谈论邻居的所作所为得在私下进行，内容本身也是秘密。"谈论八卦是种社交行为，"斐迪南·斯库曼评论道，"由于不能对谁都讲，这也是一种私密交流。从这个意义上说，隐私与八卦在披露程度上都受到限制。"[106] 尽管编辑声明义正词严，但很多廉价周刊已经发现曝光骗局与刺探隐私之间的隔墙并不严密,并感到其中有利可图。[107] 1856 年的一期《保罗·普赖》发出了立意高尚的出版倡议:

> 讽刺作家们,是时候揭露这些谎言、欺诈、放荡与骗局了,很不幸,这些都已成为当今行为的主要动因。那么,就让我们作为先驱,以促进政治、社会与道德进步为己任。[108]

它及时打击着各类丑闻,比如食品掺假、借贷公司的恶行,以及对性骚扰女接线员的指控。但它的封面故事却是路易·拿破仑的一名情妇的《秘密回忆录》,然后注意力又转到本地民众的不端行为上:"亚皆广场布赖顿街的 S-t-l-s 夫人在丈夫暂时外出时与比尔偷情,应当悬崖勒马。已婚妇女离开美德之卧榻,这是大家所不想见到的。"[109] 这本杂志每周都有一个专栏,列出来自全国各地的流言蜚语,都列明了发生地点,对所涉及的个人信息也只是稍加遮掩。这些事情本来只会在某个街区里流传,现在却吸引了全国读者。其他小报群起仿效,同时这家周刊也发现,在普适道德准则灰色地带的行为在读者中很有市场。由于纸媒上的八卦是以批判的口吻写就,这等于一边侵犯着隐私,一边又在支持这一公俗。如果一切都是社会运动,那么这些看客既可以视自己为卫道士,同时又能兴奋地享受种种细节。

它证明为隐私保密也能带来收入。编辑们给流言的受害者们提供了另一选项,只要付费就能避免被刊载在专栏里。反过来,邻居们也能以给当地小报寄匿名信为威胁来敲诈一笔。曝光变成了勒索,记者被告上法庭。法律被重新修订,为家务事提供更大保护。1843 年《诽谤法》(Libel Act)的第三节就是为了应对被称为"保罗·普赖侵害"的问题。它指出:

任何人若以发表或者威胁要发表有关他人的诽谤内容、直接或者间接威胁发表相关信息、直接或者间接表明可放弃发表能影响他人的任何事件或情形为由,意图索取金钱、金钱抵押物或任何有价物品,都应被定罪,并处3年监禁。[110]

1857年的《淫秽出版物法》(Obscene Publications Act)试图将新闻业与色情文学区分开。在镇恶会(Society for the Suppression of Vice)的敦促下,法院判定一系列刊物应当停止发行,它们的编辑也要入狱服刑。法院主要关注的是那些面向低文化水平读者的廉价期刊。1855年,报递邮票终于停用,人们期望一个自律行业能就此诞生,高度资本化的企业能够尊重中产阶级家庭的隐私诉求。

实际上,以他人生活之缺陷为乐的可并不只是下等人。每次人们要求增加独处时,总会因此类新闻的广受青睐而受到阻碍。黛博拉·科恩让人们更关注封闭的谈话中心,这些谈话关乎维多利亚时代家庭的生存:"秘密是隐私不可或缺的助手,因为家中可能会有各种丑事造访——私生子、有'非自然'癖好的儿子、自杀、精神病、通奸、破产——不管是在法律上的不利还是被外界得知后的社会压力都可能是灾难性的。"[111] 在努力保密之时,法律就是把双刃剑。对隐私的保护条文变动不大,包括1853年那条被广泛引用的裁决——禁止未经授权便出版女王和阿尔伯特亲王在地面上刻下的内容,认为被告窃取了"财产属性中最珍贵的一项,即隐私"。[112] 但法庭并不情愿将这一判决拓展为一项一般权利,来区别于实实在在的物权。相反,他们还支持媒体自由刊载涉及公共领域的家庭丑闻中的淫秽细节,特别是作为司法程序的结果。正当具有声望的报纸开始积累大量读者,

1857年的《婚姻诉讼法》(Matrimonial Causes Act)也成为用之不竭的家庭丑闻新来源。离婚过程第一次被放在正式法律背景下，而在这两年中解体的婚姻比过去的一个世纪还多。为确保诉讼当事人不会为了避免暴露性事或其他不端行为而相互勾连，一位王室讼监专门受聘来强制公开案件细节，并将其刊载到《泰晤士报》或《每日邮报》的专栏里。[113]

公众对婚姻解体兴趣的核心，在于私生活具有无法简化的复杂性。通奸这种行为就存在无数变体。这种好奇与19世纪国家与民众行为最典型的关联形成鲜明反差。自1801年的人口普查开始，政府就在收集并公布现存及死亡人口的相关信息，19世纪30年代的统计运动兴起进一步加速了这一进程。[114]诸如结婚、生子等家庭内部的核心活动都受到了系统性的检视。对于投资设立总登记处及开展其他数据收集活动，官方解释是要为循证立法做好准备。[115]通过这种方式，政府可以将正处于工业化与城镇化过程中的社会所面临的诸多挑战转化为适当的举措，而这些举措的影响也能够估量。[116]统计学家和他们报告的研读者痴迷于将复杂的信息——比如国民读写能力——体现在一张数据表里，并转化成前后一致的时间序列。[117]随后，这又能与其他发达国家的同类数据相对应，最终形成国际会议和比较研究。正如改革后的邮政系统一样（其自身便是统计信息的一大来源），在低效的人工处理技术下，这一统计过程简直令人心生敬意。几个组织有序的书记员用最少的机械设备编写出大量关于高速增长的人口情况报告，而几乎无人质疑其准确性。

"数字雪崩"背后的驱动因素在于，人们深信数字胜过言辞。[118]从一系列精准的细节记录中可以总结出客观事实，比预测经济与社会走向的长篇大论要更高一筹。[119]但被统计的对象对自己所处的分类毫无争辩的余地，尤其是穷光蛋、罪犯和文盲。表格中总是将数据一分为二，赤贫或仅是穷，守法或违法，文盲或受过教育，而这些与多数群体所认可的习惯分法并没有多大关联。从这个意义上说，指望数字及其支撑的司法改革在家庭经济与行为的管理上能起到干预作用，是虚幻而不切实际的。[120] 尽管如此，如果要对这一快速发展的基础性方法使用笼统的"监视"一词，还是要小心谨慎。[121] 官员们对个人的身份和历史并没什么兴趣。人口普查表要求填写姓名和住址，仅是为了核对临时调查员的工作准确性。[122] 总登记处的人手不足，没有能力或意愿通过连续数据来持续跟踪家庭成员，或将他们的情况对应到公共数据的各个分类中去。[123] 这项工作的基础在于将社会视为由陌生人构成，除了特定的标准化属性之外，对他们一无所知。只有这样才能完成表格编辑，也只有在这一前提下，公共质询与家庭隐私之间的潜在冲突才能得到控制。

在19世纪，守法家庭中的成年人只要关上家门，还能够安安稳稳，不被指名道姓。警察上门需要搜查令，而慈善事务来访也得事先商量。唯一的例外是与儿童相关的事务。1853年的《疫苗推广法》（Vaccination Extension Act）规定要登记已接种疫苗的婴儿姓名，1889年的《反虐待儿童保护法》（Prevention of Cruelty to, and Protection of, Children Act）则规定，在怀疑儿童被虐待或有危险时，政府有权进入家庭。[124] 自由主义政体则有意从私人领域退出，以树立自身权威。[125] 在19世纪，政府通过公开否认拥有直接监视的权力来维持这一平衡。革命时期的法国与第一次阶级反抗运动之间的战争开启了一个新时代，此时如将安全问题完全交给公共领域进行理性讨论，显然太过危险。政府还在不断部署间谍、拆阅信件，直到皮尔的内政大臣詹姆斯·格雷厄姆爵士在1844年成为政治丑闻的中心人物——他被发现受奥地利政府的指派，拆阅在伦敦的意大利难民的信件。[126] 格雷厄姆的传记中所形容的"民愤爆发"[127]某种意义上只是因为时机不对。一便士邮政在1840年被再次确认为通信业的国家垄断者，此举是有意为之，因为从17世纪开始，为规避官方系统的高成本，私人邮政网络就在不断稀释着它的市场份额。而如今每封信都要经过邮局，一旦被认为威胁国家安全，哪一封都不能免于被截留，这一下暴露了虚拟隐私的脆弱性与自由主义约束的局限性。

通常来说，这种突发性本身就是保密的作用之一。格雷厄姆在国会中的信条就是减少关于国家安全的讨论，这直到今天在英国也仍适用。政府拒绝承认自己的所作所为，但这也让它无法否认自己没做过的事。格雷厄姆的传记描写了这一后果：

> 这就像在厚重的黑暗之中，有一根火柴短暂划亮，向惊恐的人群展示出恐怖主义的模糊形象。此前他们从未见过此物，于是立刻胡乱讨论了起来，直到一个庞大的间谍系统巍然耸立，仅仅是承诺它并不真实已无法将其驱散。[128]

雷诺兹的《伦敦秘闻》(*The Mysteries of London*) 就以系列小说的形式体现了这个时刻，小说中有一个拥有巨大权力的无名机构"审查者"，在邮局的"黑屋子"里拆看信件，从而获取上流社会的私密生活信息。"不管是男人还是女人，什么地位，什么姓名，他们想隐瞒的信息几乎没有它不知道的。"[129] 如果说边沁的改革计划在伟大的邮政通信系统中得到了全面体现，那么他关于监控的想象则在1844年的"大型间谍系统"中复苏。雷诺兹的"审查者"是对躲在瞭望塔中的狱警形象的再加工。当代关于信息技术侵犯隐私的争论中，渗透了网络的概念和洞察一切的设想。全知者是宗教感情与世俗理解的结合体,不断展开的争论始终笼罩在它的阴影之下。

19世纪行将结束之际,在隐私问题上最具影响力的一篇文章发表。在1890年的《哈佛法律评论》(*Harvard Law Review*)中,沃伦和布兰代斯试图在混乱的判决与立法之中设立一项新的法定权利。在这个过程中,他们揭示出客体的概念存在断层,在20世纪与21世纪初,随着公众对隐私的关注提升而变得尤为突出。一方面,他们反对各种形式的"保罗·普赖式滋扰",认为这是通过现代媒体对家庭私事的公然侵害。"媒体正在全方位地践踏私产与礼节的界线,"他们写道,"流言蜚语不再是空虚与堕落之源,而成了产业与厚颜无耻者追逐的交易。为满足好色之徒的胃口,性关系中的种种细节都被放在日报专栏里大肆宣扬。"[130] 新技术使照相成本下降,进一步加剧了出版业的问题。抗议声中带有不只一点儿偏见。是那些生活空虚毫无目标的人推动了市场发展:"为了让懒惰者有点儿事做,八卦内容填满了一个又一个专栏,而这些信息只有侵入家庭内部才可能得到。"[131] 不过,核心问题是广泛且长久地守卫沃伦与布兰代斯所说的"隐私与家庭生活的神圣领地"。他们之所以写这篇文章,起因是《波士顿周六晚报》(*Boston Saturday Evening Gazette*)擅自闯入了沃伦为他女儿所办的婚礼早宴。[132] 这原本只是一场家宴,意在款待受邀的亲朋好友,却被编排成庸俗扭曲的大众娱乐新闻。

与之相对,他们这份抗议中的另一个角度就是全然拒绝所有人际互动。文章中宣称了"独处的权利",本书其他章节中也可以找到这个词的踪迹。[133] 沃伦和布兰代斯写道:"生活紧张而复杂是文明进步的结果,也使游离于俗世之外成为必需,人处于文化习俗的深刻影响之下,对公之于众更加敏感,因此独处与隐私对于个人而言也变得更为重要。"[134] 这种反应的根源在于个人祈祷与沉思的传统，但现在已经没有神可与之交谈。全知者被浪漫的个人主义所取代，即通过避开他人来寻找真正的自我。这是个有关平衡的问题。威廉·黑兹利特是大隐隐于市的提倡者，他寻求的不是拒绝承担社会角色，而是对此稍加补充。他在人群最密集的地方——乔治王时代晚期的剧院里——工作了很长一段时间。19世纪的家庭能包容隐私相关活动中的潜在矛盾。个人要在婚姻关系中找到自己的身份角色，而家庭本身作为宗教的基本观察单元也具有重要地位。对于稍微富裕些的家庭来说，房间拥挤的压力相对较小，但并非不存在，因为还要安排图书室、更衣室，最后还有能反锁的浴室和厕所。在人们的压力及大众传媒的扩张之下，要为谈话内容保密十分不易，但被界定为隐私的大多仍然是社交信息。宣称"独处的权利"正是在挑战这种妥协。这意味着家庭关系的喧嚣世界（对于穷人而言常常溢出到室外街头）并不是隐私生活的最核心场所，反而是其天敌。需要保密并不是亲密关系的特点，而是孤独的特点。

第4章　隐私与现代性（1900—1970）

2013年，前内阁大臣艾伦·约翰逊写了一本书，回忆他在诺丁山贫民窟所度过的童年。[1]国会成员在自传中回溯从白丁到政客的过程，这已经是项悠久传统。工会与劳动党的出现使下层阶级向上层流动成为可能，诸如《从赶乌鸦到威斯敏斯特》(*Crow-Scaring to Westminster*)一类的书籍对此充满赞颂。[2]多数时候，此类传记故事的作者会如实书写，而读者也会虔诚拜读。《这男孩》(*This Boy*)成了当年非虚构类文学的大卖之作，销量惊人之余还收获了书评家的赞誉和文学奖项。它的成功反映出21世纪的前10年中英国的政治文化状态。这是公共与私人领域间重新建立起的真实、积极的联系，这类内容很有市场。因为很多时候权威人物会被认为在政治以外全无生活可言，或者会矢口否认自己的黑历史。严谨而朴实的写作手法很吸引人，关于他母亲和姐姐的描写也令人动容，在被他父亲无情遗弃后，这两位异常坚强而慈悲的女人在极度贫穷中共同将他抚养长大。但这首先是历史视角的猛然崩塌。这位刚刚当选的内阁大臣尚处于中年，被许多人认为是所在政党（他们也是这本书的忠实读者）的未来领袖，却有着狄更斯式的悲惨童年。尽管他是在1948年福利国家制度建立后才出生，却只能在几间潮湿难闻、蚊虫滋生的屋子里长大，卫浴和厨房都是公用的，他得跟在贩煤车后面捡点儿煤块，买必需用品也要和当地商贩商量赊账。"我总是挨饿，"他写道，"永远忘不了那种饥肠辘辘和对食物的渴望。"[3] 如果能写出约翰逊在 1957 年圣诞节所经历的故事，就算是狄更斯本人也会感到自豪。那天他的母亲被送进了医院，父亲离家去饮酒狂欢，他 10 岁的姐姐第一次试着烧鸡肉，但没做好，两个孩子只能吃一点儿糖果和圣诞晚餐留下来的剩菜。[4]

约翰逊的传记故事如此直观，与其所在的社会规范存在冲突。从 20 世纪早期开始，隐私就越来越成为官方界定并推进的课题。随着 1908 年的《儿童法》（Children's Act）和 1918 年的《儿童福利法》（Child Welfare Act）颁布，疏于照管的儿童让政府及其健康专员有理由上门介入。家庭内的儿童性虐待问题直到 19 世纪末才进入公众讨论的范围，并纳入了 1908 年的《乱伦处罚法》（Punishment of Incest Act）案。[5] 私生活所在的建筑环境也是立法的目标，从 1919 年的《艾迪生住宅与城镇规划法》（Addison's Housing and Town Planning Act）开始，然后是 1923 年的《张伯伦房屋法》（Chamberlain's Housing Acts）和 1924 年的《惠特利房屋法》（Wheatley's Housing Acts）。在欧洲的其他地方，虽然比较少出现公共介入，但居住情况也激起了日益激烈的讨论。[6] 在"二战"的余波中，所有斗士都围绕着促进健康家庭环境发展而开展各类改革运动。隐私已经从一项个人愿景变成了社会的基本期望。1948 年的《世界人权宣言》（Universal Declaration of Human Rights）主张"任何人的私生活不得被随意干涉"，而《欧洲人权公约》（European Convention on Human Rights）在约翰逊降生的几个月后面世，其第 8 条也宣称："人人有权享有使自己的私人和家庭生活、家庭和通信得到尊重的权利。"[7] 那么问题来了：当 20 世纪走完了前 2/3 时，隐私又在现代化之路上走了多远呢。公众说到福利制度时，往往会对比过去几个世纪的广大群众都无法达到的最基本的家庭文明标准。在独裁与自由民主的划时代对抗中，隐私成了双方衡量进步与自身缺位的标准。这无非是要在时代的差异与传承、单一社会内部与不同社会之间取得平衡。

乍一看，《这男孩》似乎是在提醒我们，隐私在漫长历史中存在着发展不均衡的问题。在一定层面上，清拆贫民窟、销毁战争时期的炸弹、大规模公有或私有住房计划都共同缩小了人口所处的环境差异。对大部分底层劳工来说，他们越来越不能接受自己与中产阶级乃至上层阶级生活条件的天壤之别。1918 年的《都铎·沃尔特斯报告》（Tudor Walters Report）中首次对最小居住面积提出了官方定义，并在 1961 年帕克·莫里斯提出的标准中进行了修订。在两次世界大战之间，英国共新建了 400 万间住宅，1945—1969 年之间则新建了近 700 万间。[8] 卫生与健康巡查员数量大增，表明官方越来越不能容忍社群内的家庭环境与行为大幅偏离 20 世纪的社会规范。然而相应的物资供给与个人体验仍然极不均衡。在两次世界大战之间，约有一半的劳工阶层尚未被住宅规划惠及。[9] 在约翰逊出生之时，英国有 1/3 的存量房屋已使用超过 80 年，即便算上此后的建设工程，仍有 1/3 的住宅是在 1918 年之前建造的。[10] 37% 的人口没有固定浴室，20% 的家中没有内卫，或者需要与他人共用。在城市中，贫困人口的分布并不均衡。在城镇边缘新建的房产普遍都已通电，有室内卫生间，以及至少 3 个卧室。但还有大量地区的房屋是 19 世纪的存量建筑，缺少这些设施。在 1938 年的肖迪奇，每 7 间住宅里才有 1 间包含室内卫浴。[11] 1951 年的人口普查表明，曼彻斯特有 40% 的住宅没有独立浴室，只有 56% 享有如今看来很基本的个人设施使用权，如厕所、自来水、炉灶和洗碗槽。[12] 只有 2/3 的伦敦居民拥有自己的供水管道和厕所。即使到 1971 年，大伦敦地区也仍有超过 50 万间住宅要共用厕所，甚至根本没有厕所。[13] 直到 20 世纪的最后 25 年，基本卫生设施才接近全面普及。在市政住房体系无法到达的乡村地区，接入供水系统、排水系统和国家电网的成本很高，也没有统一的改善计划。从整个欧洲来看，越是农业为主的社会就越不可能提供这些基本设施。[14]

约翰逊家的房子在 20 世纪 50 年代初被当局登记为"不适宜居住"，这恐怕是他们家唯一与时代并肩而行的地方，因为同类房屋还有约 100 万间。自从社会中的中产阶级在现代早期开始投资于自己的住所，隐私便与财富水平挂起钩来。到 19 世纪，中产阶级与大部分劳工阶级的居住空间和舒适度就有了天壤之别。[15] 不过也有人争辩说这种不平等程度不可能超过两次世界大战期间和战后时期，那时大部分人都被划在分层线以下。虽然维多得亚时代的阶层差异也很大，但即使是上层家庭中也没有普及室内卫浴，而电力在 1910 年以前更是只有 2% 的家庭能拥有。在 1918 年之后，自来水和电灯都成了可期的物件，但还不是整个社会的普及品。当劳工阶级家庭规模也缩减到新中产阶级的水平，家中只有两个孩子，就可以指定专门的卧室，让父母与子女，尤其是青春期的男孩与女孩都能分房睡。现实情形中，由于收入、人口特征或居住地点的差别，有些劳工阶级家庭已经迈入了 20 世纪，而另外一些的生活条件则在半个世纪里毫无起色。[16] 他们用不上品类日盛的各种电器，如厕条件和都铎王朝时期的奴隶也没多大差别。要通过人造光和电暖气来降服四季还不太可能，个人也没法获得专享的室内空间和床铺。莫德·彭伯·里夫斯在 1913 年调研了居住条件：

如果是八口之家，大多数人会倾向于安放四张床。但现实中很可能只有两张。一个房间的双人床上睡着父亲、母亲、最小的两个孩子，而另一个房间的床上则要睡四个大些的孩子。有时候住在一起的奶奶会带一个孩子睡，或者由叔叔带一个男孩睡，但这种四人一床的状况很是普遍，值得引起关注。[17]

20年后，在玛杰里·斯普林·赖斯的记录中，就有这样一位四面受困的家庭主妇，努力了很久也没能获得想要的空间与功能："我在后面放了一张床，是两个女儿睡的，儿子的床要每天拆掉，晚上再装起来，这样空间能更大些，这个房间里还要放食物，我得在这里做饭；隔壁房间里放着我的床，另一个小儿子的床铺搭在沙发上，还有小宝宝睡的婴儿车。"[18]

家庭和邻里日益成为学术研究的主题。社会学家发现同一个社区里的条件差异也很大，足以让他们惊讶。在20世纪50年代末，玛格丽特·史黛丝对中南部处于社会转型期的班伯里进行了细致的研究，那里不像伦敦或北部工业城镇那样遗留下许多城市的肮脏角落。其中既有中产阶级住宅区，也有新的业主自住别墅（其中一栋便是本书作者出生之处），有位于市郊、设施齐全的地方政府自建公屋，也有落后于时代步伐的"市中心街铺背后小胡同里的狭小排屋"。[19]这些房子都建成于1914年之前，由私人业主向外出租，容纳了本市约1/3的人口。史黛丝这样描写他们的居住条件：

> 大门内就是房间，外面直冲着街道。有些房子的后院没有别的入口，只有穿过房子才能进去，但又是几家共用的……

房子本身很小：楼上楼下都只有一两个房间。在这样的房子里，生活十分拥挤，如果像受访的这对夫妇那样带着3个孩子而只有1个卧室，就实在过于拥挤了。这些房子既没有浴室，也没有室内卫生间。[20]

住在里面的并不是最贫苦的人，而是训练有素的工薪家庭，比那些已经搬去带有下水管和花园的新房里的人要年长一些。1918年以后的变化虽然剧烈，但存在断层，仿佛制造了一间关于隐私课题的实验室。人们越来越重视家庭内部的隐私，但有些家庭即使情况相当、住址毗邻，却像是住在不同世纪，这需要进行比较分析。在考虑个人意愿与经历的差异之后，或许就能第一次辨识出追求隐私之路背后的延续性与变化性。进一步来说，就像我们在本章后文中要看到的那样，法西斯欧洲极权制度的兴起令政府前所未有地聚焦为单一角色——隐私的支持者或是敌人。

这些研究取得的第一个结论是，住宅大门的重要性超过时代与阶级。玛杰里·施普林·赖斯在1939年写道："在英国，与维护家庭完整的殷切希望相似，人们还有一种将自家与其他家庭或任何外部侵扰相隔离的决心。"[21]家庭财富水平只会影响这个共同追求的实现程度：

这并不是对穷人的偏见。在英国，几乎没有一个花园四周不设围墙、篱笆或栅栏，而且越能遮挡视线越好。伦敦广场的花园几乎全部上了锁，以免旁人进入。随便哪座住宅，都很难找到一扇没装窗帘的窗子，这样做只为遮挡路人窥探的目光。[22]

正如爱德温·希斯科特在他 2012 年关于家庭及其意义的研究中所指出的，在任何时候，跨入门槛都是一个"具有深远象征意义的时刻"。[23]

无论家里多么狭小，无论有多少家务事需要在街坊邻居的注视下完成，家庭内外还是有十分明显的差异感，内外之间的物理界线也非常重要。凯瑟琳·戴斯成长于 20 世纪初伯明翰的一个贫民窟里。床铺都要共用，院子里是恶臭扑鼻的厕所，所有人都要到两个公共洗衣房里洗一周的衣物。邻居们都互相提防，尤其是有官员到访之时。[24] 虽然如此，她的母亲还是设法隔绝外界的纷扰，拒绝让"邻居到我们家来，除非特别必要"，在一天的喧嚣过去后，"我们都会拉上门闩自己待着"。[25] 20 世纪 40 年代初，针对居住条件进行的简要民意调查发现，人们普遍具有这样的愿望：

> 在当今社会，对隐私与保持人际距离的渴求成了强有力的动机。在本次调查中，受访者给出了 3 个最重要的喜爱自己房子的原因，其中一个就是它"完全符合自己的喜好"，或让他们拥有了自己的临街大门。不管人们对街坊邻居、购物或进城时遇上的同伴抱什么想法，他们肯定希望家是完全属于自己的。对于很多人来说，共用住宅、哪怕是共用玄关或门廊都会令人反感，同样讨厌的还有被人窥视，不管是在后院还是房子里面。[26]

有一项共识认为，新建的市政公屋提供半独立住宅和带围墙的前后院，并不是代表某种新特权，而是意识到了这种内心深处的诉求。在艾伦·约翰逊回忆录的第二卷开头，他带着新的家庭离开诺丁山，搬进了斯劳的一间市政公屋。他强烈地意识到，新家的设施正是他母亲所梦寐以求的：

> 我母亲终其一生都仍在市政公屋的排队名单里，只能在勉强可住人的拥挤的贫民窟里把孩子抚养长大。她的梦想就是拥有这样的一座房子。但一直到 42 岁那年去世，她也没能等到。在她的葬礼结束之后两周，公屋的通知书才姗姗来临。现在，刚刚开始婚姻生活的朱迪和我得到了这个机会，能够直接搬到这座坚固、现代、设施齐全的房子里。[27]

对于颇为"左"倾的社会调查家们来说，问题在于如何让逃离贫民窟带来的毋庸置疑的好处与民意调查所称"保持人际距离"的含意协调一致。1959 年，马克·艾布拉姆斯写了一篇题为《以家庭为中心的社会》(*The home-centred society*) 的文章，发表在中产阶级知识分子每周必读的《听众》(*Listener*) 上，文中强调了住宅规划与战后消费热潮所带来的居住舒适度的提升。"由此产生了工人阶级的生活方式，"他总结道，"即对屋外的活动、外人的价值观都越来越不关心。"[28] 迈克尔·杨和彼得·威尔莫特关于贝思纳尔格林中心平民区和"格林利"新住宅区有一项很有影响力的比较研究，其中也表达了这一主题。他们承认，在两处社区中，人们都表达出想要独立居住空间的意愿。"在贝思纳尔格林，"他们写道，"有一个'自己的家'是很正常的，对于大多数人而言别的选择都只是将就。"[29] 他们理解想要逃离拥挤的铺位与共用公共设施的愿望，但他们在调查到新住宅区时，却感受到一种失落。社会关系的质量直线下降。他们观察到，"新迁入者周围都是陌生人，而不再是同族亲属。他们在家庭以外的生活不再以人为中心,而是以房子为中心。从以人为中心到以房屋为中心,这是迁移所带来的根本变化之一"。[30] 这不仅是因为家庭较少受到外界干扰和邻居支持、迁入者又丢失了与亲戚的联络,从而造成人际关系的萎缩,这实际上是物质取代了人:

> 他们的关系是窗对窗,而不是面对面。他们对尊重的需求仍与过去同样强烈,但他们不是在实际生活关系中、通过几乎所有稳定的人际互动中都存在的个人尊重来获得满足,而是转而寻求另外一种尊重,即在某种怪异的共识之下,取决于一个人身边财物的数量与品质。[31]

在杨和威尔莫特的表述中,隐私与新的社区概念站在了对立面。他们的结论反映出对满足工人阶级体面居住条件的更为整体的关注,互相依存的文化是以社会公平为导向进行选举的动力,而改革者正在破坏这种文化。《伦敦东部的家庭与亲缘关系》(Family and Kinship in East London)发表之时,保守党已经取代了在战后创建福利制度的工党,正在长期执政。但调查者也可能是错误解释了对隐私生活既定形式的威胁,从而夸大了时代变化的程度。隐私的关键并不在于人际关系的现实存在,而是对他们所知信息的控制能力。现在被广泛界定为"传统"工人阶级社群的吸引人之处就在于其具有跨时代的相似性。以伦敦市中心街区的标准来看,贝思纳尔格林具有异乎寻常的稳定性。[32] 在这里,有可能在几个街道居住的长期性与居民维持并持续提升自身社会、经济关系网的能力之间建立起联系,这片区域中有朋友,也有仇敌,有威胁,也有帮助。[33] 调查者发现,当新聚居区中出现一个居住机会,往往是年轻家庭愿意冒风险在不熟悉的环境下形成新的社会关系，而年长者更愿意待在熟悉的地方，哪怕那里有种种不便。杨和威尔莫特认为正是由于这一原因，"格林利"在几十年后可能就会更像贝思纳尔格林在受访时的样子，不过他们所述的两者差异仍然存在。但他们没能强调机敏与力量之间的差别。

住在贫民窟的人都擅长充分利用环境条件，但他们对家庭环境曝光程度的控制力仍存在基本局限。以消费为例，20世纪50年代有许多人搬入住宅区，同时基本生活标准大幅上升，这就改变了他们的购物模式。过去每条街都有一家零售店，店主只比顾客们稍微有钱一点儿，而如今店铺数量更少、规模更大，买卖双方之间也不再那么依赖私人关系。[34] 由于薪水的提升、冰箱的普及和家庭储存空间的增加，人们不再需要每天离家去买生活必需品。更重要的是，人们再不用不停地协商赊账，或是每周跑一次当铺。[35] 借贷史与隐私史紧密相关，不管是过去还是现在，家庭财务状况与外界审查之间一直存在着重要关联。罗伯特·罗伯茨家在索尔福德开了一家街角小店，他在店内目睹了父母详细盘问顾客家庭条件、以确定需要预付多少款项的全过程，他们清楚地知道，一旦因信息不实造成决策失误，就会让自己的小本买卖陷入危机。[36] 这需要直接或间接搜集各种情报，比如有几个孩子、是否健康，父母是否酗酒，父亲的收入是否有保障，在别处还有多少欠款等。同样地，所有街坊都能从频繁造访当铺、没法赎回基本家用物品等情况发现某户人家生计艰难。[37]

随着赊购的微观性经济日益减少，另一种借贷形式——分期付款在1954年放松管制的助力下不断扩张。这种方式更多地用于购买战后时期的典型消费品：汽车、电视和家居用品。塞琳娜·托德用"债务堆积如山"来描述20世纪50—60年代的情况，当时人们也对此表示忧虑。[38] 仅用数字很难测量变化程度。太多民间借贷是在官方统计之外，在街区里放贷的老妇人并不遵守 1900 年的《放贷人法》（Moneylenders Act），而要收取每先令一便士或每镑两先令（8%—10%）的周利息。[39] 直到 20 世纪 70 年代之后，才有可能计算出债务收入比的变化率。从个人监控的角度来看，历史走向是从对人品、收入的全方位深度调查，变为依赖标准化的偿债能力指标。[40] 自 19 世纪前中期以来，在大西洋两岸都出现了提供顾客信用信息的全国关系查询公司。[41] 它们的成长正是商业经济体日益复杂、债务人流动性日益增大的结果。要逃脱邻居的重重审视变得容易多了，这让潜在的贷出方更难基于现在与过去的行为来预测未来的偿付能力。随着社会单元增大，集中记录的信息开始收费，只有付费订阅者才能获得信息服务。19 世纪的护卫组织和美国的征信机构都努力维护着体现个人诚信的无穷指标与有限的信息存储及复制能力之间的平衡。他们越来越依赖人品的外部指征，比如穿着、家庭关系、与有声望的组织的关系等，还要结合判断是否诚实正直的更官方指标，特别是关于支付违约或破产的涉诉记录。

这个过程的核心是将口头信息落到纸面，从而能进一步用到书面或口头报告中去。这类档案一年比一年昂贵。在 1926 年，曼彻斯特贸易保护组织称自己"每年提供超过 4 万份书面报告，同时在线下提供约 1.3 万份口头报告"。[42] 有些用户会通过现代通信系统使用服务，特别是通过电报，这可以让正为不想延误决策、错失业务而焦虑的公司快速获得反馈。电缆传输的高成本，要求信息本身要收取额外费用。早在 1885 年，全国贸易保护协会就在尝试将其 47 个会员单位的数据库互相连通，用一个"电报暗码"将潜在贷款人的信用水平简化为几个层级类别，电报员就能将对应关键词发给提出需求的订阅者。[43] 这是对未来的一次预演，但直到 20 世纪 70 年代电脑普及、商业公司占据了全国市场之前，调查使用的主流媒介都是纸质文件，需要不时更新信息，并在出现征询时汇总使用。伦敦贸易保护协会在1842—1964年间也采用同样的形式来为每个潜在贷款人"画像"。[44]美国虽然到20世纪中期就已经拥有了更为复杂的征信机构网，但大多数公司的辐射范围仍然局限于当地，零散信息都被整理储存在不同的文件夹里。[45]数据关联很少超出当地庭审纪录里人员基本信息的范围。在英国，官办借贷在工人阶层社区中有种替代形式，即通过会员制或支票进行交易的批发商。诸如"俭省服装用品公司"之类的企业都通过集中管控的地方分支机构来发展业务、归集回款，因而能获取此前街角小店主和放贷人才能掌握的情报。[46]

对于大部分社会边缘人群而言，此时正是个转型期，从街坊邻居的紧密监视变为更系统客观的信息采集与调用模式。生活标准提高，加上街头监视行为的减少，让人们更容易隐藏日复一日的压力与家庭财政紧张的问题。新的纸质文件档案被不断建立起来，但其范围仍受限于实质可得性与空间容量。在20世纪60年代末，仅有1/4的成年人拥有银行账户，其他人都只使用现金，因而没有留下任何历史记录，也无法链接到其他数据库上。在有需求时，往往可以求助于可理解范围内的债务延期，最坏也不过是没收些相对贵重的财物。如果此时付不起债务，已经不必举家搬到别的社区，隐姓埋名来保证安全。

在两次世界大战之间与战后时期，住房条件改善，真实收入水平增加，工作时长缩短，这些与技术创新一起增加了消磨时间的可选项，包括与谁一起及如何度过。找乐子的途径更多，也更容易找到同龄人或同好者。最大的变化在于个人空间的拓展，人们可以脱离他人的陪伴，或不受打扰地发展一段关系。正如我们所见，无论是樊篱隔断的花园还是小巷或田间，户外一直是室内空间的延伸。19世纪的快速城镇化让城市贫民很难追求比鸽子笼更好的住所，而要走到空旷的乡间，路程也越来越远。但新世纪带来了新的机会。有轨电车、公共汽车和游览火车让人们更容易前往城镇边缘。1908年的《小农场与土地配给法》（Smallholdings and Allotment Act）要求地方政府购置或租赁土地供当地社区种植食物。这一改革释放了被压抑已久的需求。1914年有45万到60万块配给土地，而到1939年已超过80万块。[47]与此同时，延续了花园城市运动的住宅建设规划也对公众的期望做出了回应，不管是市政公屋或中产阶级的市郊别墅，都将前后花园作为标配。[48]尽管出现了四周都是公共空间的高层公寓，但1945—1969年间仍有2/3的公建住宅是按照农舍的模式建造的，并配有私家花园。[49]到20世纪60年代末，80%的家庭都拥有自己的草坪和花圃。[50]对于搬出贫民窟的人来说，打理花园成了正式职责，1945年之后的租约都规定了除草和修剪树篱的要求。[51]

杰弗里·戈尔在1955年报告称"园艺工作是在英国男人中最受欢迎的休闲活动，排名遥遥领先（在英国女性中的领先幅度则略低）"。[52] 10年之后的数据是，所有男性家庭成员里有将近一半会定期打理花园，大约为女性数量的一半。[53]工作时长自19世纪末就开始不断缩减，人们因而在晚上和周末有了更多户外时间，也出现了大量杂志、苗圃和包装种子来支持此类活动。开垦的土地有着各类用途。配给土地在和平时期也是食物的重要来源，在两次世界大战期间就更是如此。花圃是个人审美的体现，人们很喜欢仿效维多利亚与爱德华时期乡间别墅里流行的以各色植物排成的镶边，只是规模较小。[54]种植蔬菜花卉能满足社区内的攀比欲望，男性尤甚，而且当地市政也鼓励这种竞争，并会给打理最好的花园颁发奖金。衣物可以在室外晒干，而无须担心让全家的衣橱都暴露在邻居的目光下。连着前门或后门的草坪是孩子们在父母监护与自由玩耍之间的折中选择。没有两个花园会完全一样，或是用作完全相同的用途。无论这片区域是自有还是租用，通常情形是由使用者控制入口，不让外人看到围墙或树篱内的范围。这一方面是扩展了家庭的疆域，代价则是放弃了与街坊共享生活。另一方面，这为大部分都市人群提供了向往已久的替代性空间，能让他们脱离房间里家庭生活的限制。尽管小型核心家庭如今享有更大的房子，但家庭成员在进行日常活动时仍保持着紧密接触。而在外面，他们可以离开每天共处的家人，自己劳动、交谈，或仅仅是安静地坐上片刻。

继花园普及之后，隐私维度的第二个重大革命是汽车的普及。在1914年以前，汽车只是精英人士的专属，两次世界大战间开始为中产阶级商务人士所拥有，而到20世纪50年代之后，工人阶级中的上层也有能力购车了。从1950—1970年，路面行驶的汽车总数从200万辆增长到了近1000万辆。[55]和花园一样，驾车立刻成了室内隐私的替代品与衍生物。当汽车在机械构造上具备了一定可靠性，就为城市居民提供了一种涉入乡间生活的新形式。到20世纪30年代末，到景点"周末自驾"的家庭和参加教堂活动的家庭数量不相上下。[56]有车家庭的范围在战后进一步扩大，让这种逃离住宅的方式更为普及，同时也增加了人们的私密空间。新的住宅区最初是按步行设计，但随着住户都开始买车，人们既能享用新房，又可以继续前往原来的工作地，或者在更大范围内寻找新工作。[57]艾伦·约翰逊也是斯劳的新车主之一，他通过业内关系买了一辆二手的1959年产福特安格利亚。"拥有一辆车（以及驾照）让家庭生活发生了重大变化。"他回忆道，这让他们更容易保持与仍住在诺丁山贫民窟的亲戚们的联系。[58] 此外，正如观察者们开始意识到的，汽车对室内空间的影响与其他交通方式都有所不同。正如马克·艾布拉姆所解释的那样，其作用独立于旅途本身：

> 或许可以说，有车一族的扩大部分满足了英国人日益增长的家庭隐私需求，因为汽车能载人远离近邻。但事实上恰恰相反，大多数车主都将自己的车视为住宅的另一个可拆卸房间。在工作日，他们用它来完成私人通勤——不用再因为搭乘公共交通而不得不与他人接触。在周末，他们则把这个移动的小房间挪到海边或乡间，并在到达目的地后独自坐在里面。[59]

家安上了轮子，对于买得起房车的人来说，这更是名副其实。

第三项革命发生在家庭娱乐领域。在战后的消费热潮中，汽车和电视的购置齐头并进。在 1951—1955 年之间，驾车人数增加了将近一半，而电视机的保有量也从 100 万台增长到 500 万台。[60] 10 年后，超过 90% 的家庭都拥有了电视机。[61] 然而真正能在家中观看电视的时间却要晚得多。1953 年观看伊丽莎白女王二世加冕礼的观众中，只有 40% 是在自家的电视上看的。其他人要么是去邻居家看，要么是去电影院等公共场所。直到 20 世纪 50 年代末，主流的广播媒介仍然是收音机。在两次世界大战之间，拥有无线电执照者的总人口占比从 10% 增长到了 70%。虽然还不是人人都能接收无线电波，但也已经相当普及。在 1939 年，贫困和电力供应不足让超过 1300 万人用不上收音机。[62] 在杰里·怀特的《坎贝尔的床铺》(*Campbell Bunk*) 中，贫民窟的居民仍然要依靠见面交谈，或偶尔阅读。[63]

对买得起收音机的家庭来说，听 BBC 广播为他们提供了一个新的生活焦点，让不同家庭成员能够共同参与这项活动。笨重的旋钮式收音机，以及随后装在柜子里的电视机，都因为太大太贵而很难成为个人物品。因此，电子媒体既能防止邻居涉入家庭娱乐，又能让家庭内部更加亲密无间。但如果认为这一时期的休闲模式仅是向更为私密发展，就不免是种误解。在收音机普及的同时，舞厅和电影院也已发展成为主要的娱乐形式，在年轻人之中尤其如此。人们如果想在工作之余放松一下，不再是三五成群去街头或酒馆，而是定期参加几千人的集体活动，如果是看足球赛，人数还会更多：在两次世界大战间隙，一流赛事的观众就从 600 万增加到了 1400 万。1945 年之后，集体娱乐活动整体有所减少，英国的影院观众数量也开始下降，不过欧洲其他地区倒未必如此。到海边或其他景点游览的人数持续增长，这至少部分归因于汽车保有量的增长。在 1960 年前后，无线电技术的发展将交通与广播融合在一起，开创了个人化娱乐的新时代。1962 年的《皮尔金顿报告》(*Pilkington Report*) 为异常轻巧的晶体管的诞生而欢呼雀跃：

> 车载收音机和轻便可携带、特别是超轻无线电设备的出现，为广播增加了新的听众——那些出门在外的人。显然不只是驾车者在收音机中找到了陪伴，正是——
> 她手提包中的收音机，人所共知，
> 在她所到之处，皆有乐声。[64]

休闲方式对隐私的影响存在两条背后的变化轨迹。首先，收音机与电视机先后拓展了消费者的精神广度。过去，只有印刷或书面材料才能进入局域信息环境,而现在要独自或在小团体里待着要容易得多,同时还能接触到各类新闻、知识与娱乐活动。相比起同一时期房间数量与面积的有限增长,这对个人空间的改变要大得多。收音机(不像后来的电视机那样)能让使用者接触到国际新闻与文化。20 世纪 50 年代初的《广播时报》(Radio Times)不仅会列出国内频道,还包括 62 家欧洲其他地区广播台的频率——从梵蒂冈到莫斯科都在其中——以及每周的亮点总结。其次,这加深了人们对家庭隐私负面影响的担忧。在一定程度上,广播媒体和电影院一样,允许国家对交流内容进行大规模管制与审查,而这种做法在纸媒领域已被抛弃多时。自打全民参加教堂礼拜的时代过去之后,当局又一次能明确掌握民众能在何时看到什么、听到什么。问题是人们会如何理解此事。能舒舒服服地独处,又可以和老人小孩日常互动,这被认为埋下了抗拒教导的祸根,特别是当参与的娱乐形式比较粗俗刺激。1960 年的皮尔金顿广播委员会(Pilkington Committee on Broadcasting)提出了一个关注点,得到了左翼与右翼评论员的一致支持:"人们坐在家中时是放松的,不那么刻意防卫,从而更容易暴露内心。另外,一家人往往会一起收听,其中也有平常被保护不受外部影响的孩子,从而会尤为脆弱。"[65] 这些耳根子太软的听众们离开人群,封闭在一个紧密的社交圈中,无法确切地知道他们在想什么。隐私就是通向幼稚病的沉沦之路。

个人越来越容易将自己的行为隐藏起来,不受监视,而这在不同的背景下都会引发焦虑。汽车受到指责,因为它能为不正当关系提供便利,同时也成为无管控的不当行为发生的场所。所有大众传媒形式都会同时加强和侵犯家庭的亲密纽带。尽管 20 世纪最后 25 年中已经出现了电话,但古老的通信技术仍被长期作为最广泛采用的延展物理隐私范围的途径。或许其使用量及使用价值的巅峰出现在20世纪的两次世界大战期间，哪怕受到军事审查，信件在遍布全球的战火中，仍扮演着维系情侣、亲子之间联络的重要角色。正如克莱尔·朗汉漠笔下的第二次世界大战："情书并不是战时的创新，但在这冲突之中，就成为交流不平凡经历的日常方式。"[66] 在英国，通话数量要到1970年才超过了信件数量。到1975年，电话终于完全取代信件，成为最常用的通信方式，两者总量分别为160亿通电话与99亿封信件。[67] 当艾伦·约翰逊在1968年当上邮递员时，他发现维多利亚时期的纸、信封、邮票这套东西都仍然要用手工归集、分类、寄送，[68] 信件仍是大部分人在家庭面临庆祝或危机时最为熟悉的远距离联络工具。[69] 在北美和斯堪的那维亚，距离是人们互动的主要障碍，在那里使用电话会快得多。早在20世纪初，美国就已广泛使用同线电话，将互相孤立的庄园连接在一起。[70] 但在相对紧凑拥挤的英伦三岛，这种起初主要由商务人士和中产阶级使用的工具仍然是种奢侈品。杨和威尔莫特发现，新建的市政公屋中的人均电话数量是贝思纳格林的7倍，而在20世纪50年代的贝思纳格林，与亲朋好友互致问候、交换信息的最有效方法仍然是上街走一圈。[71]

如果目光聚焦在电话的发明上，就容易夸大从写信变为电子通信的突然性。卡洛琳·马文在写到这项新发明时说它——

> 威胁到了私人秘密与公共信息之间的微妙平衡，在区分什么需要留为己有，什么能与社会、家庭、父母、仆人、配偶或爱人共享的界限时尤其如此。电子通信让家庭、爱情、阶级身份等交流背景一下子变得陌生，其造成的影响一再出现在相关电子文献中。[72]

正如我们所见，信件长期以来都在挑战着家庭的信息边界，将家庭内外的人秘密联系起来。举例来说，书信传情几百年来都在削弱父母对婚姻大事的权威。而信件也同样面临着许多问题，如缺少交流实体、没有语调手势等强化机制、出现误解时不能即时纠正等。电话作为同步通信工具，既能缓解也能加重虚拟隐私的问题。一方面，它降低了接收方不在场造成的不确定性，比如对方可能根本没有收到消息，甚至已经不在人世。而接听电话就是种即时确认。电话也能让对话跨越家庭的物理边界，正如笔迹的好坏总能在字义之外传达额外信息，将语音和室内的背景杂音一并传输，也能产生新的远距离亲密感。交谈本身便含有正反馈回路，能提升亲密互动的预期。另一方面，贝尔的发明让保密更成问题，交流的私密性遭到了更多威胁。直到 1958 年用户长途直拨系统出现之前，接线员都可能成为交谈中的第三方。大多数家庭里都只有一部有线电话，交谈想要不受窃听，比偷偷写信要困难得多。与此同时，私宅也丧失了作为秘密交谈场所的特殊地位，因为来电者不必再经过大门。私密交谈的渠道变得更难发现，也更难管控。

第二条整体轨迹是，所谓"友伴式婚姻"（companionate marriage）在缓慢而不均衡地发展起来。[73] 围绕这种新家庭形式有着一系列意义，其中的核心在于亲密与疏离相结合。丈夫与妻子在闲暇时间更多地彼此相伴，而不是各自在外参与同性别群体的活动。他们珍视在家庭单元中的隐私，并不遗余力地管控那些越过家庭边界的信息。他们拥有更大的共同居住空间，孩子很少，或是一直由其他同住的亲戚照顾。家庭成员并不会互换角色，不过在日常家务或养育孩子的过程中会有更多共同参与。虽然自 20 世纪 50 年代之后，已婚妇女的受雇率开始提高，但男人仍然是家庭经济的支柱，也更可能承担打理花园、修缮房屋等工作。汽车虽然在不断普及，但大体上仍专属于男性使用：20世纪60年代中期，有56%的男性拥有驾照，而女性则只有13%。[74]很多男人发现自己面对仍然没有多少女性的工作场合和新出现的家庭职责时，很难取得平衡。[75]艾伦·约翰逊回忆起自己在20世纪60年代末作为家长的表现时很是难为情。他要在全是男人的办公室中工作很长时间，而在回家后，除了能和年幼的孩子共处一会儿之外，能做的事很有限：

> 我意识到这给安迪·卡普留下了十分清晰的印象：一个成天忙于自己社交生活的家伙，留下妻子独自照顾孩子、煮饭、洗衣，把家里弄得舒舒服服。这正是当年主流的分工方式……我……延续了我父亲那一代的男性生活模式，比起他还有过之而无不及。[76]

事实证明，要脱离这种文化传承非常困难，但他也知道很多同事正在"自己动手"（他恼怒的妻子称之为"自己袖手"）的热潮中扮演着更加积极的角色。

由于一对夫妇更有可能在邻居与其他家人的耳目所及之外安排生活，对情感与性的期望也在提升。[77]在"二战"后成年的这代人，无论是结婚数量还是婚姻持续时间，都超过此前或此后的任何时期。[78]隐私既是夫妻、亲子之间获得更亲密关系的条件，也是其结果。外面的世界越是被隔离在外，家中的交谈就越能够敞开心扉；在家庭关系之中投入越多，在外面所需要袒露的就越少。然而，友伴式婚姻中有两类本质矛盾正悄然滋长。其一是保守的性道德。以家庭为基石的社会表明，异性一夫一妻制最终获得了短暂的胜利。其他伴侣形式或非正式关系都没有容身之地。当这一时期接近尾声，对婚前性行为的宽容度有所提升，但通奸仍然要受到指责，同性恋行为直到1967年在英格兰和威尔士都还是种犯罪，在苏格兰延续到1980年，而北爱尔兰则是1982年。比起杂乱无序的维多利亚时代家庭，想要在20世纪中期的紧密核心家庭中清除此类反常行为就没那么容易。如今通信技术的进步为各类亲密关系的发展大开方便之门，让秘密也越来越多。一方面信件、电话、汽车在"助纣为虐"；另一方面，秘密引发好奇，让报纸大卖，就和19世纪一样。这类故事吊人胃口，引人着迷，也带来责难。这时的八卦新闻，在19世纪的离婚案件菜单的基础上，又加入了富人和名人的性丑闻。[79]

封锁信息不再是隐私的防御优势，而成了它的耻辱，另一个矛盾也正潜藏于密闭的家庭内部。如密封一样的内部越来越被视为病态情感或性向的温床。在两次世界大战之间，人们对那些拉起窗帘的房子里的虐待行为更为关注，街坊的偶尔窥视和打抱不平已经无法保护其中较为弱小的成员。人们质疑起家庭独立处理自身问题的能力。如果家中缺少交流，对理应获得滋养的家庭关系反而是种破坏。人们寄希望于对外部人员倾诉，无论是热切的记者还是训练有素的志愿者与专业人士。小报们鼓励读者寄去自己的故事，匿名诉说个人蒙受的苦难和不满，并会像《每日镜报》(*Daily Mirror*)那样提供"保密承诺"。[80]利奥诺拉·艾尔斯在1932年的《妇女天地》(*Woman's Own*)中首创了读者问答专栏，里面提供了当时已没那么容易从邻居或亲戚那里获得的种种建议。"知心大姐"艾尔斯尤其关心沟通本身，即在家庭圈子里谁应该和谁分享哪些秘密。[81]忏悔原本具有祛除罪孽的宗教功能，如今则被改为一系列心理治疗，通过讨论创伤经验来起到治疗效果。1946 年，全国婚姻指导委员会成立，目标是给怨侣们提出建议，并提供可以向受过训练、富有同情心的倾听者一吐怨言的地方，从而令婚姻更为稳固。

对于大多数家庭而言，日常生活中交织着语言与沉默。和 19 世纪一样，更大、更舒适的空间为无尽的交流提供了场所。"住宅是家庭生活的舞台，" 1943 年的民意调查记录道，"其重要性与它提供的自由、放松程度相当。一家人在这里共享早餐和晚餐，在这里交谈、争吵、玩耍、生活。"[82] "那时没有日间电视，"一个成长于 20 世纪 50 年代的孩子回忆道，"我们会打牌、玩桌面游戏，和兄弟、朋友聊聊天。"[83] 在早先，要是 BBC 电视节目没法遵从家庭的日常活动，就等于一无是处。直到 1957 年，它才开始在下午 5 点播放儿童节目，但到 6 点就结束了，因为那时孩子们都要睡了。在宅邸深处，远离研究者视线的所在，谈话正在发生。艾伦·约翰逊住在诺丁山贫民窟时，家里连睡觉的地方都不够，母亲又因为被不负责任的丈夫抛弃而深感痛苦，于是他的姐姐决定挪到母亲床上一起睡，同时解决了这两个问题。黑夜中话语声传来：

> 在晚上，我听到她们在隔壁卧室谈话。琳达放弃了她的房间，并取得了预期的效果，如今那张大双人床上传来的更多是谈话声，而不再是啜泣。她们聊着过往，聊琳达的童年，聊她的希望与梦想、她的病、她会如何遇到一个愿意照顾她的男人。[84]

在此处，隐私的核心功能在于维持亲密关系。幼小的艾伦·约翰逊或许会听到高高低低的谈话声，但交谈的本质意义与目的是在母女之间，在于身体靠近与情感相依。

外部人多半不会注意到这种私密空间中的交谈内容，反而忧心于交流的中断。特别是性方面的沟通明显不足，尤其受到他们关注。玛丽·斯托普斯在1918年的《婚姻之爱》(*Married Love*)中便非常切题——玛丽聚焦于一夫一妻制的异性婚姻关系，她并不赞成婚外性行为，但同样也无法设想一段成功的恋情中会没有彼此满足的性关系。在很多情况下，由于夫妇双方的忽视，从一开始就无法达到这点。"在他们新婚宴尔之时，"她写道，"这两个年轻人还不清楚，他们对彼此的基本规律还不得要领……也没有扎实的认知基础。"[85] 他们不知道怎样和对方、有经验的朋友或亲人讨论性的机制与避孕方法，也没有通俗准确的文字信息可供遵循。《婚姻之爱》立刻取得了成功，在出版后的20年内销售了75万册，写给作者寻求进一步帮助的信件也如雪片般飞来。[86] 玛丽·斯特普斯将这些信件编辑出版，它们也突显了情侣在步入婚姻之前的无知。"我结婚时，对于婚后生活是什么样一无所知，"一个妻子写道，"没人和我说过我该知道些什么——我简直如梦初醒。"[87] 他们还猛烈抨击医务人员不告知避孕的相关信息，或是不了解最新的避孕技术。[88]

此后的回忆录及口述历史都详细描述了新婚夫妇的无知。[89] 从20世纪20年代开始，关于是否要让性更加透明的公众讨论就越来越激烈，但少有证据表明这些信息正在走向大众。英国第一个关于性行为的调查是战后的"小金赛"(Little Kinsey)报告，其中重述了斯特普斯的基本观点："事实是很少有人涉及此类话题，性的周围筑起了秘密的墙，让人倍感困惑，连简单的解释都变得异乎困难……如果这份调查能得出任何结果，都是出于教育的需要。"[90] 无论施瑞特和费雪在他们开创性的研究《性革命前的性》(*Sex Before the Sexual Revolution*)

中如何论述，对此类有关隐私的调查结果的看法也不会有翻天覆地的变化。研究中的受访者印证了早期研究的出发点，即不管是婚前还是婚后，他们都被排除在任何有关性的谈话之外。他们甚至缺少适当的词汇来开展讨论，如果说他们能为后续的学术调查提供些贡献，仅仅是因为他们已经共同生活很久，才能稍微开放地分享这类行为。在私下，他们不会讨论如何获取性愉悦、如何避免意外怀孕的技巧，也几乎不会花力气去摸索尝试。他们的无知甚至比过去几代人更甚。已婚夫妇更可能专享一个卧室，而青春期的男孩女孩则不太会同床而眠。如今大多数家庭已经远离了乡村图景。未受教育的情形有所减少，同时，随着带锁的室内厕所与浴室的普及，人们更加确立起对保护身体隐私的预期。在施瑞特和费雪的研究中已经预见了许多随之而来的困难，包括一开始时的尴尬与失望。但整体结论并不支持沉默与亲密互相排斥的假设。恰恰相反，已婚夫妇珍视自己的性生活，往往正是因为它如此私密。既不会暴露在外任人评说，也无须与一般标准进行比较。从最初的笨拙开始，他们互相学习。实验与共情代替了语言与教育。经过种种尝试与犯错，获得的结果令人格外满足，因为这是他们共同学习的一课，没有外部提供的课程表，而是通过信任与彼此调整来完成。研究中引用了弗兰克的一段不甚清楚的表述："从来没有，从来没有讨论过……你可以，呃，通过她的反应……判断……我们互相了解，你知道，你……你不用说什么……我们就像艺术创作那样，只要看着彼此就能知道……我们有多么投入，以及真正想要的是什么。"[91] 这种亲密的交流是现代的，因为人们在这一时期对性有更高期许，婚床变得更加隐秘舒适，也提高了获得满足的可能性。但无论过去的条件多么有限，先辈们也同样走在这条无言的道路上，并获得了同样的深情与满足。

20世纪的头几年见证了国家监视行为的开端。在维多利亚时代，政府的大规模人口信息收集系统的设计目的并不是想干涉大多数个人及其家庭的行为。只有违反法律或需要纳税的有钱人才会出现在数据库。有3个因素改变了政府对公民个人档案的调用方式：通信、福利与全面战争。1903年的《机动车法》(Motor Car Act)和1904年的《无线电报法》(Wireless Telegraphy Act)都要求用户在申请牌照后才能使用新技术。1908年的《养老金法案》(Old Age Pensions Act)和1911年的《全国保险法》(National Insurance Act)设立了中央机构来确认适格性并对支付进行管理。第一次世界大战最终促成了全国登记系统的诞生，并第一次强制要求英国人在跨出国门时须持有护照。

这些改变的原始动力在于对匿名的恐惧。最早的汽车驾驶者身着皮衣，头戴护目镜，任意跨越治安管辖区，在驶上道路并威胁马匹和行人的生命时，他们的身份必须得到确认。[92]无线电通信最初被当作军事设备，特别是用于在军舰与基地之间传递信号，因此出于国家安全考虑需要进行集中登记。直到1922年BBC建立，牌照才开始用来为广播服务募资。[93]第二个因素是由于官方记录取代了地方自行裁定，成为能否获得福利的判断依据。《新济贫法》(New Poor Law)从属于中央法规，但具体实施是落在地方委员会手中，以便符合对当地情况的了解，更有效率地管理救济工作。国家养老金则仅要求提供年龄、婚姻状况、保险缴纳、当前健康或雇用情况的证明。最后，战争将全面掌握人口信息作为头等大事，至少在敌对期间都会是如此。

在自由民主萌发的转变过程中，关键在于取得共识。身无分文者长期以来都要靠侵犯他人才能获取利益。"不可否认，穷人要求别人付费后才能进入他们家门。"玛莎·洛阿内在1909年的研究《一座英国人的城堡》(An Englishman's Castle)中开篇如此写道。[94] 中产阶级访客想要跨进门槛,肯定要出个价码:"他们得为自己的立足之地付费,必须'带好见面礼',最糟的是根本没有固定的收费水平……这礼拜向他们索要的是一块牛奶布丁,下周就是 250 千克煤,不一而足,价格呈几何倍数增长。"[95] 英国曾在 1908—1948 年期间施行《济贫法》,其废止并不仅是因为公务人员在进入住宅、要求变卖财产时所受到的羞辱,更是因为由此产生的收益相比起颜面损失来说太过微不足道。[96] 在用尽种种防御措施后,户主凭借最后的手段,要与敌人放手一搏。新世纪中谈判的本质发生了变化,地位权利出现了反转。当训练有素的雇员因职责在身而上门提供特定服务时,人们更愿意敞开大门。到 1918 年,有 2500 名健康访问员在访问母亲和儿童,20 世纪 40 年代末增加到 6000 人。[97] 公共卫生巡视员会上门检查潮湿与卫生状况,并有权强制业主做出改善,因为这是租户无能为力的。[98] 即便是逃到市政公屋里,业主也得接受自己的自治权受到限制,因为政府会检查他们对新房子和花园的维护情况。由于标准与要求参差不齐,这里面仍然存在很多冲突地带,但随着妇幼福利服务的增加,这类侵入不再是穷人和租客的特有体验。

两次世界大战中都采用了全国性登记机制,并将隐私与监视之间的争议地带展现得淋漓尽致。考虑到国家安全和战时经济中的稀缺资源分配,需要将国家监督力量发挥到前所未有的力度,这在两次世界大战中都没有受到明显反对。尽管如此,政治家和选民们都不准备将这一系统延续到和平时期。登记制度之所以在"二战"以后还存在了较长一段时间,只是因为战时配给制度的期限有所延长。这种制度最终在 1952 年被废除,人们不必再在购买食品、衣物时出示身份证件。[99] 在福利支付问题上,要取得权利与效益之间的长期平衡则更为棘手。从某种意义上说，20世纪早期的改革迫使劳动者必须掌握书写和文件内容，而他们过去只需要大致识点儿字就行。在19世纪，找工作时不需要任何申请表格，产业工人的招聘和解雇流程中也很少涉及文书工作，但如果是被国家保险系统覆盖的工作，雇员就得向雇主提交填好的失业保险卡，并在工作结束时收回。工人要将这张卡片提交到劳工介绍所换取一份回执，还得填写两份救济金表格：一份是为自己，另一份是为家属。每一步都有书面指引，如果索赔失败，还会拿到一份书面解释。[100] 比起对工作履历和当前情况更具侵犯性、更加开放式的征询，这种官方文件还算可以接受的负担。困难在于，国家如果不诉诸某种形式的家庭调查，就没有能力在两次世界大战之间施以救济。在大规模失业的压力下，1931年的经济情况调查，要求已用完26周保险救济的申请者完成一份详细的家庭经济状况问卷，并交给上门访问的调查员进行核验，以便评估家庭资源。

然而，对于经济情况调查的反对声浪阻止了历史重演。劳工介绍所中出现了自发的抗议，有时甚至伴有肢体暴力。工党发起了地区性乃至全国性的运动，反对关于家庭经济的侵入式调查。国会左翼势力所避而远之的全国失业工人运动想要动员起受害者，代表他们控告这一系统。短期来看，只有经济的逐步复苏才能缓解紧张局势，但有关隐私猛然遭袭的记忆留在了1942年研究社会保险及相关服务的《贝弗里奇报告》（Beveridge Report）中，而工党则在1945年的大选中取得了压倒性的胜利。随后，综合国民保险制度于1948年设立，其设计目标是既要让国家对个人的干涉最小化，又要能覆盖到全体国民。一个每周缴纳保费的系统覆盖了包括医疗在内的所有需求。对于那些需求尚未被保险金完全覆盖的人——尤其是老人，还有一项名为"国家援助"的可选项目。在20世纪50年代末，有多达800万居住满一年的家庭加入了这个新系统，但在这个充分就业的年代，这些保费基本都给了领取退休金的女性，而且很少有人退保。[101]

战后的妥协方案具有两个特点，从而能被大众所接纳。第一个特点是覆盖率与干涉程度取得了新的平衡。国民保险制度要求全国性覆盖，这就与战争时期的登记制度遥相呼应，只有离开国境才能获得豁免。参保人员数与市民数量同步增长，除了每周缴费的记录之外无须再提供额外信息。虽然要用各种耗费人力的调查来反欺诈，但也只是少数案例。正如约翰·鲁尔在他1970年的前沿研究中所指出的，对个人情况的调查关注点十分有限，这反映出参与者的普遍共识，也是形成这种共识的原因。人们普遍会违反规定，让这一制度变得难以为继。[102] 第二个特点是制度背后的信息技术。国民保险的运作表明，在庞大的官僚体系之中，要达到规模、速度、准确性，不一定要以数字革命为前提。即使进入了大型计算机时代，整个操作仍是基于手工维护的登记表。在20世纪60年代末，欧洲最大的文件处理中心里有超过10 000名员工，使用的仍是狄更斯熟悉的工具和流程，每年处理1500万份理赔申请。在电话发明大约一个世纪以后，泰恩河畔的纽卡斯尔中心与各地办事处之间为裁决个人案件而络绎不绝的人流才被邮件所取代。虽然对纸质文件的依赖带来了很大局限，但在大众接受度上却也是其最大的优势。将记录互相关联起来十分费劲。基本人口信息可以直接从总登记处获取，但除此之外，国民保险系统就和这时的其他官方数据库一样，完全可以自给自足。地方调查员很可能比他们承认的要更多采用社群信息，但对大多数被保险人来说，个人信息仍是不可转移的。对于那些快速增加的家庭事务干预机构来说，这点也同样适用。政府机构明显各自为政，这缓解了人们对越来越多的监控措施的担忧，正如伊丽莎白·博特在她1957年关于家庭和社会关系的研究中所指出的,"简而言之,对家庭的社会管控被分隔到这么多机构中,以至于谁都没有连续、完整的管理权力,只要不越过宽泛的限制边界,一个家庭就可以自主决策,自行管理内部事务"。[103]

国民保险系统是由国会与政府颁布的一项法案所设立,其规则手册内容庞大,包含130项不同操作。与之相反,国家安全监控计划虽然也在这期间成型,却几乎没有得到公众授权或监督。1911年的官方机密法只用了一个下午就在国会火速通过,其中关于什么是机密、谁有权限披露机密,都留给了高级公务员和他们的领导来自由裁定。[104] 国家安全机关是在"一战"前及战中设立的,没有任何立法依据,并在两次世界大战之间未经国会辩论就扩大规模,以便应对包括所谓的共产党及失业者组织在内的国内安全威胁。[105] 在"二战"结束后的20年间,作为电子通信窃听中心的政府通信总部(GCHQ)连存在本身都属于政府机密。对机密体系的保密并非要与更透明的福利监控系统站在对立面,而只是达到安全目的的另一种手段。自1844年关于邮件间谍活动的争论以来,后继的政府无论持哪种政治立场,都抱有同样的信条——要对私人通信保持监控,最好的方法就是让这个话题远离公众争论,越远越好。

在本章所涵盖的时间跨度中,唯一一次对监听相关法律基础的官方讨论,是1957年由3名枢密院官员提出的质询,由伯基特大法官主持,是由监听一个伦敦黑帮分子的辩护律师的电话而引起的辩论。质询一开头便写道,"在1844年,国内发生了一次大动乱,因为国务大臣詹姆斯·格雷厄姆爵士批准查看朱塞佩·马志尼的信件",并认为这起事件在一个世纪以后还是同样敏感:

> 毋庸置疑,无论是拆封或阅读信件及电报,还是窃听并

记录电话内容,通信监控普遍受到反对……无论是未经授权的个人行为,还是声称具有政府授意的官方行动,这种监控都让人感到是对公序良俗的冒犯,是侵犯隐私、干涉个人自由及"在合法处理私人事务时不受打扰"的权利。[106]

问题是自打 1844 年以来,就没有出现过新的立法或是支持愈演愈烈的邮件间谍活动,或是声援自诞生之日起就深受窃听之苦(报告中也坦承了这点)的电话技术。[107] 在这样的情境下,1844 年的事件及随后机密特别委员会针对法律史的研究既具有警示性,又让人感到慰藉。从过往时代发掘出来的案例已经能确认,对通信的监控即使没有正式立法,至少也没有与任何成文法规相抵触。有异议认为此类先例并未涵盖 19 世纪晚期才发明的技术:"如果说因为在一项特权最初施行时还没有设想到电话,就不能将这项权利延展到电话窃听上去,这应当参照最高法院 1915 年 3 K.B 659 号关于权利请愿书的案件。"案件中涉及的渔网是用查理一世任内还未出现的材料所制造的。[108] 将 12 世纪的做法当作实施监控的论据,这在如今无异于拥有核力量。

就其本身而言,这项形成于维多利亚女王治下的传统做法已经达到了目的,证明国家通信监控可以适用于新的技术,并在面对芬尼亚人等的各种难以预料的威胁时,能够不经公众讨论而快速推行。透明度对其具有双重威胁。"二战"期间,英国人在布莱切利破解了德国的恩尼格玛密码(Enigma code),这让人更加确定,成功监控的条件之一在于让目标忽视自己,以及得当的安保措施。这项战时成果在当时及此后的半个世纪内都处于保密状态,以便让英国的敌人盲目相信自己的通信网络。因此,伯基特建议应当重新开始保存电话窃听及信件拆阅记录,但这些详细记录、哪怕是相关统计数据都不应当被定期披露。这几位枢密院官员写道:"我们很清楚,对出于安全目的的窃听进行哪怕一丁点儿的披露也是危险的……如果反政府势力能从中估算出为安全目的进行的通信窃听范围,这就会成为他们行动的极大助力。"[109] 这一观点经受住了此后的所有挑战。情报和安全委员会在 2015 年 3 月发布《隐私和安全报告》(Privacy and Security report),这是截至本书写作之时关于这一领域最新的一份国会调查:"虽然委员会获得了有关情报机构所持授权和许可的详细数据,但我们认同,公开这么具体的信息会有损国家安全。"[110]

任何信息翔实的公众辩论都会威胁到这种谨慎,进而危及自由民主的核心契约。在侵犯到私人领域时,除非涉及犯罪行为,否则相关权力都被收归国家所有。立法、争论和阶段性回顾的过程迫使政府对虚拟隐私施以限制,而后者的范围正随着通信系统使用量的增加在不断扩展,这进一步要求区分不同行为之间的界限:是国家权力触角之外的,还是有理由进行介入的。公务员审查系统是从 1947 年开始实施的,所依据的假设是包括酗酒和同性恋在内的一系列共性缺陷,而这些都会构成对国家安全的威胁。1844 年的民愤在伯基特报告中被频繁引用,在那之后政府对监控就默不作声,但这并未减少向国会与媒体披露可能引发的爆炸性后果。最好还是别冒这个风险,满足于权威所保证的一切就好。"对普通守法公民的隐私或个人自由的干涉是极小的,"伯基特总结道,"而且只会发生在截取部分违法者的通信信息这类难以避免的情形下。同时也不会造成危害。"[111]

《伯基特报告》发表之际,正是冷战划定战线之时。对于西方阵营来说,隐私正处于进步的民主国家与其敌人的冲突中心。汉娜·阿伦特在 1951 年《极权主义的起源》(*The Origins of Totalitarianism*)中描写了这种政府形式是如何革命性地打击了公共领域,同时也"毁灭了私人生活"。社会被瓦解粉碎,取而代之的是"孤独……感到完全不属于这个世界,而这是人类最为彻底而绝望的体验。"[112] 由于缺少同时期详细情形的社会学分析,目前对隐私的这场灭顶之灾最有影响力的描述来自一部虚构文学。乔治·奥威尔的《1984》展现出一幅阴冷的世界图景,在其中,私人生活的所有基本因素都被破坏殆尽:

> 家庭不可能被真正废除,事实上,人们被鼓励按照旧有的模式亲爱子女。但孩子们却被系统性地塑造为反父母型,要监视他们,举报他们的行为偏差。家庭实际上成了思想警察的延伸。在这种机制下,每个人身边都会日夜围绕着最了解、亲近他的告密者。[113]

奥威尔笔下的人间地狱是靠监视技术的保障而长盛不衰,这就将他与过去的圆形监狱及其通话管道、未来数字时代的窃听设备联系起来。正如边沁所设计的蓝图中的那样,人们无法知道自己是否正在被监视,所以他们就像一直被监视那样生活。隐身于瞭望塔中的狱警更新了媒介设备,很快就掌控了铁窗内外的每一户人家。"监视器被发明出来,技术进步又使其能在一台机器上同时接收与发送信息,私人生活就此宣告终结。"[114]

不过奥威尔的想象世界要真正达成,还有两个关键条件。首先是监控本身的局限性,无论技术如何成熟,监视设备都很难仅靠自身来保证一致服从。老大哥并不是仅仅依靠监视屏幕,或者其他侵入臣民隐私的机制。那些通过对《1984》摘章引句来代表现代监控体系中的所有威胁之处的人,似乎忽视了小说第三部分中展现的血腥恐怖。奥威尔具有反抗法西斯的直接经验,同时受到一系列文学作品的影响,其中包括凯斯特勒的《正午的黑暗》(*Darkness at Noon*),他完全清楚在技术背后存在最为直接的肉体恐惧。文中无情地表现出温斯顿·史密斯在 101 号房间里的遭遇:

> 他的目光完全落在警卫手中的警棍上。它可能在任何地方落下:头顶、耳朵尖、上臂、手肘——是手肘!他一下子跪倒在地,几乎瘫软了,用另一只手紧紧抱着被打的手肘,眼前金星四射。难以置信,难以置信这一击竟然会这么疼![115]

在纳粹德国,间谍、窃听和告发都是在刑讯逼供和谋杀的方式下进行的。每个人都知道挑战监控行为和基本理念的下场。对隐私的攻击是终结思考与争议的终极手段。问题并不只是监视自身,而是试图防止任何批评意见和反应。《1984》的戏剧冲突点在于,主人公反思自己的处境并进行反抗的尝试最终沦为了徒劳。

其次,无论奥威尔多么了解他所在时代的种种苦难,他的小说仍只是警示,而非形容现实。当时监控技术尚未面世,也还没无情地摧毁每个理性国民。此外,最近历史学者也对法西斯政体颠覆现代家庭的诉求或达成程度提出了质疑。隐私的毁坏并不能为极权主义的企图贴上标签,隐私的留存才是对独裁者的野心和成果的质疑。那些被指控属于激进群体或在性关系上违背了异性恋准则的人,受到大规模迫害、监禁和残杀,这都是基本的事实。同时,对传统家庭形式也存在口头准许乃至鼓励。在俄国革命早期,理论家谴责家庭是共产主义事业的绊脚石,但到了 20 世纪 30 年代初,与国家相对独立又密不可分的个人生活已经获得了鼓励。[116] 在纳粹德国,家庭作为休憩与繁衍的场所,被用于衡量体制所创造的文明程度。这就建立起一套怀疑与退缩的逻辑体系。执政者赞美家庭,但同时又将其视为不忠诚的堡垒,要求加大力度来戳穿它的秘密。面对政府的无孔不入,家庭成员的反应则是进一步退入私密的日常生活中去。从这个意义上讲,在隐私受到最大威胁的社会之中,这种自由主义的成就才最为可贵。[117]

在独裁体制内,监控代表着互相盘剥。对于秘密警察来说,由私密关系构成的个人信息档案是不会枯竭的情报来源。与此同时,在不同时期、不同社会中的弱势个体,都会通过吸引权力的关注来达到个人目的。[118] 不管是天主教还是新教的教堂,都曾是特权与凌虐的集中之地——信徒为了一己私利或者为了解决家庭及社区矛盾而互相告发。20世纪福利社会的建立,提供了通往外部官方机构的一条新路径,周边居民会匿名投诉经济情况调查和保险费的不当使用。[119] 就算结果比同时代的专政国家要稍好一些,但利益的损失也可能对家庭经济造成毁灭性打击。在德国,纳粹将市民为警察提供线报的长期传统发扬光大。[120] 在6600万人口中,盖世太保的数量在巅峰时期也不过7000人,与其说他们是在教唆人们书面告发不法活动和敌对情绪,倒不如说这更像个信息交换中心。

激发告密的许多日常生活冲突在处于现代化进程中的西方社会里展现得更为尖锐,特别是在19世纪建成的老宅子里,长期存在过于拥挤、共用卫浴的情况。但在1945年以后,曾在资本主义社会转变了家庭生活模式的消费革命也开始出现在某些社会主义国家。[121] 生活水平提高,工作时长缩短,更多资源和时间可被用于休闲度假。无论质量多么低劣,汽车都创造了一个私人交通的新时代。无论多不合法,在这些与西方接壤的国家里,仍有越来越多的机会能听到或看到来自西方的节目。[122] 园艺作为最有代表性的私生活的延伸,既具有共通性，也越来越常见。俄式乡间宅邸的悠久历史在苏联时期发扬光大。尽管严格来说，这些避暑别墅和周边的土地都属于公社财产，但它们仍然成了隐私王国，让躲入其中的家庭得以避开政府和邻居的耳目，享有自己的社交习惯和娱乐活动。[123] 就和其他欧洲东部国家的配给土地一样，在这儿也能种植作物，以弥补城镇粮食的短缺。园艺指南和性爱手册能够成为民主德国 40 年间最畅销的两类书，不是没有原因的。[124]

在这些社会中，隐私一直处于危险境地。被爱人、朋友和同事曝光的危险长期存在，这损害了所有人际关系间的信任与承诺。[125] 每时每刻都要担心，一次处境窘迫或者举止不当就可能带来牢狱之灾。不过小团体仍可能存在，这是反抗的价值与源泉。正如保罗·贝茨所写的："对于绝大多数人来说，私人领域并不是指某个地点，或者独处的体验，而是有关共享亲密关系的深刻感受。"[126] 和这段历史时期中的其他地方一样，最重要的东西都无须高声宣扬。无论窃听装置多么先进，窃听人员多么仔细，零散而多层次的交流都会给最为私密的关系提供保护。"在纳粹时期的柏林的阁楼里，"保罗·金斯伯格在他的研究中总结道，"可能存在含异议内容的窃窃私语。家人之间也可能交换过愤怒的眼神。暗语、秘密、记忆、策略、团结——这些都是家庭最擅长的。"[127] 乔治·奥威尔曾对历史的轨迹做出过警示，他赋予了老大哥应对非语言交流的办法："只要脸上流露出不适当的表情（比如在胜利消息宣布时，带有怀疑的神色），就属于犯罪，需要受到惩罚。在官话里甚至有个专有名词来表示——表情犯罪（facecrime）。"[128] 但就和这个反乌托邦里的其他内容一样，这种读取面部表情的技术并没有成为现实。

第 5 章　隐私与数字时代（1970—2015）

　　隐私的终结开始于 20 世纪 60 年代中期。有关隐私的争论与著作范围越来越广泛，这就预示着它的消亡。迈伦·布伦顿 1964 年的《隐私侵犯者》(*The Privacy Invaders*) 引起了对个人信息管控所面临的威胁的关注。[1] 同年，万斯·帕卡德的《赤裸社会》(*The Naked Society*) 指出了"侵害我们隐私的 5 种力量"，认为它们"共同导致了对个人监控的大量增加，以及对隐私的严重侵犯"。[2] 为回应与日俱增的公众关注，美国从 20 世纪 60 年代中期开始召开国会听证。英国议会也首次关注到了这个问题，关于保护"隐私权"的提案在 1961 年得到曼克罗夫特勋爵的支持，1967 年是亚历克斯·里昂，1969 年则是布莱恩·瓦尔登。[3] 最终，为了对政治话语保有一定控制力，工党政府设立了一个委员会，由肯尼思·扬格爵士牵头研究立法问题。[4]

　　首先发出警报的是监控设备所采用的技术，摄像头和监听装置越来越精密，大型计算机在政府和商业机构中的使用也越来越广泛。第一本在书名里就宣告了隐私之终结的书出版于 1969 年。杰瑞·罗森伯格写道："如今，全国计算机系统的设计容量几近无限，只要按一个键，就能存储、混合、提取个人与组织及其各类活动的信息，而所涉及的主体对此却一无所知。"[5] 全国公民自由委员会发起了一项关于数字化信息库影响的研究，结论是"社会正处于'悬崖边缘'"。[6]研究的作者们自称为"待定的灾变论者"，他们预言末日即将到来，除非能立即采取彻底行动。亚瑟·R.米勒在1971年警告，计算机的处理及存储信息的能力是如此强大，它们"可能成为监控系统的核心，将社会变成透明世界，将我们的住宅、财务、关系完全暴露在大量随意浏览者面前，其中包括病态的窥探、恶意或商业性的入侵"。[7]

在这一阶段，批评者多是对感知到的潜在问题进行反应，而不是针对计算机的实际操作。IBM从20世纪50年代开始大规模向公共及私人用户销售设备，但在接下来的10年里，他们在人口普查、银行、税收、信用评级、犯罪记录、铁路及国民保险等领域的布局大多仍处于起步阶段。[8]在20世纪70年代，起初的灾难预测逐渐转变为日益完善的司法保护，起点便是瑞典1973年为应对关于人口普查的担忧而通过的第一部国家数据保护法。[9]第二阶段开始于20世纪的最后几年，在1983年因特网、1993年万维网的发明以及同期个人电脑的普及之后。[10]普通市民能够获取的信息和自身暴露的信息都几近无限，在此情形下，"隐私末日论"又卷土重来。[11]从每日新闻到电子期刊，再到体例完整的研究著作，在所有这些传媒渠道中，隐私就像僵尸一样，被杀死之后又能爬起来，等着被再次击倒。[12]出版商忙着用《隐私的终结：全面监控如何成为现实》(*The End of Privacy: How Total Surveillance Is Becoming a Reality*)、《数据之国：21世纪的隐私之死》(*Database Nation: The Death of Privacy in the 21st Century*)、《咖啡机中的间谍：个人隐私的终结》(*The Spy in the Coffee Machine: The End of Privacy as We Know It*)之类的题目来满足似乎无止境的市场需求。[13]国际国内立法机构的增长完全跟不上电脑及其应用软件的开发。"政府与企业的快速布局足以毁灭隐私的技术，"迈克尔·弗鲁姆金在2000年的

《斯坦福法律评论》(*Stanford Law Review*)中写道,"受此威胁,以信息体现的隐私正岌岌可危。"[14] 大卫·霍兹曼 2006 年在《逝去的隐私》(*Privacy Lost*)中警告道:"我们的隐私比北极冰川消融得更快,技术的侵蚀速度超过了法律体系的保护能力。"这一趋势无法以任何显见的方式逆转。如我们今日所知的,隐私已经逝去。[15] 随后的每一年都带来新的噩耗。"隐私已经死了吗?"雅各布·摩根在 2014 年 8 月问道,"看起来的确如此,而我们就在不知不觉间成了凶手。"[16]

除了那些为隐私崩塌而哀叹的人之外,也有越来越多的观点提倡颠覆传统行为。1975 年,马尔科姆·布拉德伯里出版了时代精神小说《历史人》(*The History Man*),小说非常畅销,随后改编成的电视剧也获得了成功。男主角霍华德·柯克是一名激进的社会学教授,任教于一所新成立的大学,热衷于评论所有在他那个年代属于自由主义的事物。这部小说开笔时暑假已临近结束,假期中还有另一本书也刚刚杀青。布拉德伯里给书起了个能抓住当时前进步伐的题目。霍华德这样向他的妻子芭芭拉和同事的妻子(也是他以前的恋人)迈拉解释他的项目:

> "项目名称是'隐私之溃败',"霍华德说,"内容是关于如今世上已不再有私密的自我,社会上不再有私人的领域,没有私人财产,也没有私人行为。""不再有私人的东西,"芭芭拉说,"人类要让所有事物都透明开放。""也包括我吗?"迈拉问道。"哦,我们对你了如指掌。"霍华德说,"你看,社会学与心理学让我们对人有了全方位的理解,民主社会让我们能获取一切东西。没有什么是不能面对的问题,已经不再有隐瞒,不再有神秘黑暗的灵魂所在。我们都站在全宇宙

观众的面前,一览无余。我们全都是赤条条地敞开胸怀。"[17]

私密关系代表个人发展存在扭曲,这种观点如今流传很广,成为讽刺文学的主题。1967 年,人类学家艾德蒙·利奇声称:"如今的家庭已经与外界绝缘。它们着眼于自己内部,夫妻、亲子之间的情感张力不断增强。这种压力已经超过我们中大多数人能够承受的范围。家庭不再是运转有序的社会的基石,反而由于狭隘的隐私和庸俗的秘密,已经成为我们所有不满的来源。"[18] 他不是来自布拉德伯里笔下的河口大学,而是权威卓著的剑桥大学国王学院院长,也是里斯演讲[*]人。婚姻咨询行业开始蓬勃发展,因为向陌生人倾诉个人关系中的私密细节具有治疗效果。在新出现的职业心理治疗师看来,越是阻拦与外人的交流,情绪与心理的康复之路就越是漫长。就像莉莉·平卡斯和克里斯多夫·达雷在他们 1978 年的著作《家庭里的秘密》(*Secrets in the Family*)中所写的:"如果我们能允许自己了解自己面对这些事件的反应,并且意识到与之相联系的体验与感受,我们的生活就不会被家庭中秘密与迷信的破坏力主宰。"[19]

除了一名学生为报复而尾随霍华德·柯克赴各种偷情约会时所带的一架老式摄像机之外,《历史人》与技术毫无关系。不过,这种恬不知耻颂扬个人信息透明的论调最近在脸书的创始人马克·扎克伯格身上重现,他既带着洞见,又有自利的成分,在 2010 年告诉世界:"你已经没有隐私了。克服克服吧!"[20] 作为虚构的讽刺文学,《历史人》最新的继承者是戴夫·艾格斯 2013 年的反乌托邦小说《圆圈》(*The Circle*),小说中的全球性社交网络公司用真与善的名义说服它的

---

[*] 里斯演讲:是 BBC 主办的系列名人讲坛。——译者注

粉丝放弃所有残存的个人隐私。圆圈公司的合伙人将他的话浓缩成 3 句奥威尔式的标语:"秘密即谎言。分享即关怀。隐私即盗窃。"[21] 不管这部小说的立场如何,评论者的看法多是将信息视为个人财产,所有者具有某种"版权",可以选择或被迫与他人分享。20 世纪最后 30 年开始时,隐私概念中的潜在分歧开始将其撕裂。"在 20 世纪 70 年代,"黛博拉·科恩写道,"隐私被重新定义,更加强调个人的匿名性,而不是家庭空间的神圣不可侵犯。"[22] 隐私委员会 1972 年的报告开篇便指出了其中的区别,并解析了词汇中附着的时代意义。报告并未试图找出自己的定义,而是总结了大众的理解,其中的分歧日渐突出:

> 我们认为隐私权包含两个主要方面。首先是自身、住所、家庭与人际关系不受窥探的自由。其次是信息的隐私,以及自由决定将哪些自身信息与他人进行交流的权利。[23]

委员会的注意力主要集中在第二类上,此后 10 年中这也形成了一个术语——"信息隐私"。对于与邻里不相往来等问题,解决之道在于"民主社会中的教育、文化、社会等各类压力,要求社群成员的行为举止合乎规矩"。[24] 正如报告中指出的,在任何案件里,"偷窥狂"都能被"绑到爱德华三世的雕像下,保证不再扰乱治安"。[25] 面临延期的立法改革属于个人信息领域,而后者正处于新技术的威胁之下。立法提案的内容包括评级机构持有的信息、私人侦探牌照和电子监视设备的使用。关于牵动着公众神经的技术,委员会建议"即刻推动计算机用户自愿接受个人信息处理的某些原则"。[26]

无论态度是谴责还是欢迎,历史的裁决已经宣告了隐私的终结。

这意味着，不管是在现实中还是期望里，我们都要与过去彻底决裂。先辈所体验过的情境或权利如今已受到终极威胁。就像这项调查所指出的，这种对变化的长期实质的看法，本身就是对过往时代的背离。掌控个人相关信息的能力从未被视为一项可以持有或丧失的特权。相反，从 14 世纪妨害行为裁决案卷的原告开始，隐私就是个输多赢少的事儿。在任何时代、任何社会层级，个体都要与其他欲望相权衡，与一系列物质与社会规范压力相抗争。结果取决于现实环境、通信系统、法律结构与亲密关系的性质。连接不同战役的共同主线是大量的人力参与。最近的学术研究中有一脉分析秉承了这一观点。克里斯特娜·尼伯尔特-恩有一项针对芝加哥中产阶级的经典研究，通过大量家庭压力与机会来探讨她的课题。其中没有讲到历史，却触及了可与历史对话的事实。"在日常生活中获得隐私，"她总结道，"这是种事业。"[27] 误解变化之动态的根本原因在于对历史的了解程度普遍不深。"就我们所知，"扬格报告中写道，"还没有人曾对隐私的历史有过如此深入的研究。"[28] 碰巧的是，大卫·费海提的《新英格兰殖民地的隐私》（*Privacy in Colonial New England*）作为第一部详尽的专著，与大洋彼岸的扬格报告在同一年发表。再加上艾伦·威斯汀的开创性著作《隐私与自由》（*Privacy and Freedom*）于 1967 年及 1970 年分别在美国与英国出版，共同使这一领域开始获得亟需的当代解读与概念澄清。

然而，这些进步都还不足以驱散艾伦·威斯汀所形容的"有关修辞的浓雾"。[29] 令整个图景模糊不清的因素有三。

第一个因素是信息隐私与个人主义的结合。正如我们所见，在 19 世纪，自省取代了与上帝的对话，成为保障内在发展与精神健康的途径。城镇化社会的压力让黑兹利特的"户外"哲学更加吸引人，大自然已"足以为伴"。[30] 与此同时，快速扩张的经济与职场比过去更依赖个人声誉，因为传统的家庭关系等保证因素已经没那么有效。个人的自身信息、社群对他们本人及履历的了解都需要受到更好的保护，以免被商业机构侵入与调查。"独处权"倡议的提出将这一感受化为现实，其结果也在 1960 年得到了检验，体现为迪安·普罗塞的一篇影响重大的综述，其中点评了沃伦与布兰代斯的开创性文章发表后美国法庭受理的相关案件。普罗塞总结出 4 项犯罪要素：侵入他人的避世之地，公开令人难堪的事实，对他人歪曲报道和窃取身份信息。[31] 尽管这一分类直接指向美国侵权法和宪法修正案的司法解释，但仍具有广泛的影响力，并由扬格精心概述。在这些要素中，只有第一项是与亲密关系的隐私略微相关，其余几项都与管控个人信息的权利有关。[32] 扬格怀疑是否能简单地将"独处权"作为英国新法律框架的基础，但报告中针对改革的建议全部是着眼于努力逃脱监视并监督自己的生活细节被如何使用的个人。

第二个因素是更为广泛的政治与意识形态环境。隐私似乎一直挣扎在死亡线上，从国际关系的现状中可以部分看到这点，而古巴导弹危机发生两年后就是这场灭绝的开始。上一章中讨论过的冷战是毁灭个人隐私的极权主义和被它围困的西方幸存者之间的斗争。末日之战的对话方式很快从炸弹变成了脆弱的个人档案。关于增长还是衰落的话语被灾难迫近的景象压过。一系列新的冲突在"自由"世界内部出现，聚焦在要求个人自治及抵制国家或大型资本的权力集中上。到 20 世纪 60 年代末，对政府能以普惠式中央福利服务替代非官方本地化支持的信心已开始退潮。肯·洛奇 1966 年执导的《凯茜回家了》（*Cathy Come Home*）是最有影响力的电视剧之一，探讨了各种没有人情味儿的官僚机构是如何与经济社会的日渐衰败一道儿破坏着家庭生活的。剧中，当面对话不会带来沟通或共情，事事都要由机构规章制度来决定，这最终摧毁了这个家庭。两年后，叛逆的新一代大学生找到了发泄不满的焦点，因为据称校方手里掌握着载有他们信仰与行为的档案。

最后一个因素是威斯汀过去曾说的（而且现在仍是）"计算机科学家和商业利益集团的过分吹嘘与空头承诺……以及很多自由主义民众对这些闪亮愿景的轻信与惧怕"。[33] 自印刷术发明以来，每一次通信革命都会产生过度的期许与恐惧；这一回的差别首先在于变化的速度。电话的普及用了一个世纪，而邮政系统从中世纪晚期就开始发展。纸质文件和卡片索引是从 19 世纪的装订式分类账目演化而来，是一种可以追溯到文明早期的数据存储与提取技术，而另一方面，大型计算机则预示着信息操作与存储方式的无法逆转的突变。第二个差异在于成本。这段时期的争议主要在于政府部门和企业要权衡各个投资选项，有些会改变他们的工作效率，有些反而会破坏经济。他们之中很多采取了观望态度，有些则被国内外快速成长的计算机公司成功吸引。

在这种狂热气氛下，历史被遗忘，而未来被误读。数字技术有许多特点受到批评者的诟病，但这些其实也是基于纸笔的经典韦伯式官僚体系所必不可少的。只要有严格的组织秩序，系统就能够自然扩展。19 世纪英国人口一再翻番，但在清点时也只需要用到最原始的计算工具。保险公司、国家邮政、铁路系统和 20 世纪之后出现的国家福利体系都要面对百万级的用户和千万级的手写年报，即便如此，也没有出现无法处理的低效或不可接受的误差。[34] 计算机那些招致自由主义者批评的特点，如记录的不近人情和永久性，早已根植于卡片索引体系之中。上一章中讨论过的国民保险中心位于泰恩河畔的纽卡斯尔市，设计目标就是不遗漏任何一个成年劳动人口，以最小的修正或上诉概率管理市民的重要福利信息。不过人工记录有一个重要局限，要如何克服它，也引起了最强烈的关注。系统范围越广，要连接不同系统、跟踪某个人在不同档案中的信息的成本就越高。数据采集对象仍然能够保留完整的个人档案，因为官僚机构只能处理一些零碎信息。但如今，数据关联似乎已势在必行。"已经没有什么疑问，"沃纳和斯通在1970年警告道：

> 利用业已存在的计算机设备……政府在技术上已经能保存列岛上每个男人、女人和小孩的完整档案资料……有一些专门的计算机信息中心已经建立起来，还有很多正在规划之中。只要将现存的小型数据中心互相连通，就可以在近乎不经意间整合成一个庞大的"数据银行"。[35]

就像1844年发生的第一次隐私恐慌一样，这次的担忧在于要由单一机构管理一个包罗全部信息的系统。[36] 在现实中，这类完备的基于记录的监控系统，最好的示例就是民主德国的斯塔西，直到1989年正式解散，它都是人力所能及的手写或打字文件体系的丰碑。技术的影响力取决于政治体系。但尚不确定的是公民与消费者对新机制能否具备充分的理解与控制，以便矫正其影响，管理其成果。

20世纪70年代是英国和其他西方社会的历史转折点。这10年标志着计算机起步阶段的结束，以及婚姻作为普适经验与大众期望的时代开始终结。在1970年，45岁—90岁的英国妇女中只有8%从未结过婚。战后的一代结婚人数更多，婚姻存续时间更长，超过过去或未来的任何一代。[37] 用戈兰·泰尔朋的话来说，西欧的1950—1975年就是"结婚时代"。[38] 自那以后习俗开始改变。在英国，有记录以来的结婚率从 1862 年开始增长，1972 年达到高峰。每千名男性的结婚人数直到"二战"后都在 50 附近波动，升至 78.4 后便持续回落，在 20 世纪 80 年代早期回到历史常规水平，并在 21 世纪的第二个 10 年开始时触及 22 的低点。同期的女性结婚率从每千人中 60.5 人跌落至 20 人。在 2009 年，英国的婚礼数量创下了新低。

私生活模式有三大决定性的变化。

第一个变化是与收入的相关性减弱。自中产阶级在 16 世纪开始投资于自己的住所以来，财富水平就成为对个人信息保护能力的先决条件，形成了隐私的硬约束，也限制了家庭单元的规模，尤其是在开端于 19 世纪末的人口统计特征变化期间。到 20 世纪的最后 25 年，中产阶级与劳工阶级的家庭结构差异已经微不可见。不管父母收入水平如何，都不太会有两个以上的孩子。在单户人家中，有 3 个或 3 个以上未成年子女的家庭占比从 1971 年的 9% 降至 2010 年的 3%。[39] 上层家庭的仆人数量持续减少，下层社会中房客、收留的孩子和亲戚也同样在减少，这意味着小家庭成了主流模式。在 1971 年后的 40 年里，成员数量超过 4 人的家庭占比从 1/7 跌至 1/17。[40] 结果是过于拥挤的问题也不复存在了。关于不健康睡眠环境的长达两个世纪的争论演变成了正式的"卧室标准"。"每一对夫妇或同居伴侣、每个 21 岁或以上的成年人、每两名 10—20 岁之间的同性少年、每两名 10 岁以下的儿童都可以分到一个独立卧室。"[41] 在这样的标准下，2014 年英国人口中只有 3% 的人生活环境过于拥挤。恰恰相反，对住宅空间利用不足的人口是这个数量的 12 倍之多。[42]

与此同时，按照 19 世纪那套令人不适的标准生活的人越来越少见。由于存量房屋还在继续使用，这意味着大部分人都还和前一时代一样居住在距今有些年头的房子里。在 1970 年，约有 3/4 的住宅建造于"二战"之前。随后几十年的住宅规划也没怎么能缩小这一差距。2014 年，仍有 1/5 的英国存量房屋是在 1919 年以前建造的，超过一半建于 1965 年以前，只有 1/7 的住宅建成于 1990 年以后。[43] 不过，由于技术革新、市政建筑规划、官方标准的改进与家庭条件的提升，家庭内部在基础设施层面已经彼此接近。没有厕所或浴室的家庭占比从 1951 年的接近 40% 下降到 1971 年的不到 10%，20 年后则几乎绝迹。没有室内下水管道系统的房屋从 1951 年的 20% 下降到 1991 年的 1%。[44] 现在电力已经被视为理所当然，多数家庭都拥有冰箱、电视等基本家电，普遍都至少有一个小花园，家庭生活中几乎不再有走上街头才能解决的需求。即使是最为可视化的隐私标志上，阶层差异也在减小；保守党政府从 1980 年决定开始向租户销售简易公租房后，结果就摆脱了关于房屋外立面设计与颜色的地方规定。"从前门就可以看出住户是否有购买权，"保罗·巴克评论道：

> 公租房的门都被卸掉了。从纽卡斯尔到普利茅斯，从加的夫到伊普斯威奇，郊区居民有着形式多样的替用房门，从科斯塔布拉瓦式（繁复的西班牙式建筑，面板涂色十分明亮）到芭芭拉卡特兰式（新摄政风格，装有上釉的楣窗）一应俱全。两种类型都比原有的门板要更坚固。玻璃可以轻易嵌入，木材则要牢固一些。但重点是说：这是我的房子，不是别人的……这一信息被马车灯、新的涂料、（有时还有）前门上的小凸窗反复强调着。[45]

1972 年，扬格报告试图通过强调社会关系中的反向力量来平息关于隐私未来的恐慌浪潮：

由于发展的结果，若论所有日常活动不受注目这一点，父母加子女的现代中产阶级家庭可能比其他时代或其他地区的人群都更享有隐私，他们住在半分离的较为隔音的房子里，隐没在女贞树篱和玫瑰花架后，出行时坐在公共交通工具的预留座，或乘坐自家的汽车，在超市购物，用电视娱乐。[46]

报告假设这些条件都是基于阶层差异，说明它是回顾性的，而非前瞻性的。它反映了一种长期存在的假设，即对于那些体力劳动者来说，任何形式的隐私都不能奢求，也无法实现，从而没能正确解读 20 世纪 70 年代的动态变化。它所指出的大多数获得隐私的关键措施都正在变得常见。不仅人口结构和住宅条件，许多消费行为也不再专属于工作稳定的家庭。超市在英国扎根下来的速度不及美国，但在 20 世纪最后 25 年开始时，它们已经给出最后一击，几乎完全控制了整个食品零售业。电视基本上已进入每家每户，继续霸占着家庭娱乐的中心地位，到 21 世纪前 10 年的末尾，看电视已经成为 16 岁及以上成人最常进行的业余活动，他们平均每天要花 3 个半小时坐在电视机前。[47]家庭乘用车已不再像 20 世纪 50 年代和 60 年代那样是中产阶级的特权，而是不断提升着在个人交通领域的占有率。在 20 世纪 50 年代早期，小汽车和大篷车合计只占乘客总里程数的 1/4。到 1970 年，它们的里程数已经是公共汽车和马车的 4.5 倍，而到 21 世纪前 10 年则达到了 14 倍。铁路交通虽然从 1982 年的低谷开始回升，但到 2010 年仍只占有出行总里程数的 7%。[48]购买第二辆车的行为推动了汽车数量的增加，也终于让这种出行方式摆脱了男性家长的控制。到 2011 年，尽管收入仍有影响，但已有 80% 的人拥有了自己的车辆。处于收入分布前 20% 的家庭中，只有 1/10 没有买车。[49] 只要能买得起，汽车就是座移动城堡，既有住宅能提供的舒适与私密，又能摆脱房屋束缚，不必遵照某条路径或日程，也无须牵涉其他人。[50] 而街上的行人和公共汽车、火车、飞机及上下客处的乘客仍然要做到欧文·戈夫曼所说的"礼貌地无视"，既要意识到同行者的存在，又要避免注视他们。[51]

第二个变化是有更多人在物理意义上让自己的生活与世隔绝。[52] 在 2013 年，英国有 770 万人独自生活。自 1971 年以来，单人家庭占比从 1/6 上升到如今的欧洲平均水平 30%。[53] 人口特征上、财务上与行为上的种种变化驱动着人们向这种一个世纪前还几乎不存在的生活方式转变。随着寿命的延长，女性比男性更可能在老年时独自生活。由于结婚率降低，男性比女性更可能在中年时自己照料一切。年轻人在第一次财务独立时就搬入公寓，在同居之前或两次同居之间独自居住。在不久以前，这个长期趋势出现了一次反转，二三十岁的青年男女面临居住成本上涨、求职困难的问题，不得不暂住在父母家中。对于大多数人来说，一人吃饱全家不饿的时期只是过渡性的。人口统计史上一直都存在这样的情况，某个年龄或某段时期的家庭类型分布掩盖了个体在人生历程中走过的轨迹。当他们终于离开父母的庇护时，很少有人会刻意决定独自度过余生。大多数人都会因主动选择或受环境所迫，在不同的社会关系间切换，直到步入老年，选项所剩无几。

第三个变化是关系形成过程中的习俗的力量。在过去半个世纪的隐私生活史中，这是最常用到"革命"概念的部分。在已婚人数达到高位之时，对异性一夫一妻制家庭生活的任何偏离都被当作非法，或横遭指责。成长中的青年男女发现自己很难想象婚姻之外还有其他选项，也很难在成年人的感情关系中走出自己的道路。但在20世纪，特别是"二战"以后，他们学着在越发严苛的制度安排中期望更令人满足的情感与性爱。2013年的一篇文章描述了随之而来的家庭形式多样化，并认为战后的社会制度埋下了自我毁灭的种子。"20世纪末，白头到老的婚姻正在减少，"克莱尔·朗哈默写道，"根源在于20世纪中叶亲密关系中的各种矛盾、紧张与不和谐。"[54] 婴儿潮一代被教导要跟着感觉走，因此他们打破了自己成长环境中的家庭结构，并开始探索获得个人满足的不同路径。他们能够利用当代医学发展，特别是1961年发明的避孕药，以及更有效的性病治疗措施。妇女受雇率不断提高，从而加速了家庭收入的增长，也让婚姻的组建、管理与终止方式具备了更广泛的选择空间。必要的司法改革与其说是民意改变的原因，不如说是顺应民意的结果。继1967年对堕胎与同性恋立法之后，对婚姻意义的长期辩论在1969年《离婚修正法案》（Divorce Reform Act）设立时达到了高潮，这部法案终于在庭审案件中引入了无过错条款。除了诸如婚外情、家庭暴力之类的特定过失行为外，夫妻也可以仅仅因为分居两年（有争议的情形下为5年）而获得判决，而不需要对双方的关系质量或行为寻找外部评判。1996年的再次修订意在进一步减少法庭的涉入。夫妻在走进法院之前要先经过调解与谈判流程，他们被视为理性的、有自我修养的个体，有能力处理好关系的破裂。

明确重大转变的发生领域十分重要。在整个20世纪，家庭结构并不是断层式的变化，而更像是周期性的。在20世纪90年代，20多岁的情侣常保持着非正式同居关系，而这正是18、19世纪普遍存在的推迟结婚、婚外性行为等常见模式的重现。[55] 就像过去的饥荒年代那样，很少有人会在25岁以前结婚，离婚人士也像曾经的鳏夫寡妇一样能够再次走上圣坛，2010年的平均结婚年龄达到了男性36.2岁和女性33.6岁。不过变化轨迹与变化幅度不应混为一谈。举例来说，离婚人数在20世纪60年代逐步上升，到1969年《离婚修正法案》在1971年正式实施时已经翻了一番，随后缓慢增长，直到20世纪90年代中期开始下降，部分原因在于步入婚姻的人数本来就在减少。在2013年，合法夫妻（无论有没有孩子）仍是最常见的家庭类型，占英国所有家庭数量的约2/3。[56]如果加上长期同居者，就有80%的家庭在表面上仍与20世纪50—60年代的主流家庭相同。21世纪初的重要立法——2004年《民事伴侣法》（Civil Partnership Act）及2013年同性婚姻获准——对主流家庭形式的范围影响有限。2014年的调查显示，同性同居家庭还不到所有家庭数量的1%。[57]无论战后几十年中积累的张力有多巨大，引爆的结果也还是保留了大量的原有建构。

家庭结构变化及相关法规环境的重大意义并非体现在准许哪些行为，更多地在于支持哪些看法。人们从外在形式转而更加重视内在目的。个人对私生活性质的评判被摆在了首位，社会规范或法律等外部约束反而没那么重要。这一定程度上反映出整个西方社会的反神圣化趋势，比起公众仪式，大家更看重个人承诺的价值。[58]或者更通俗地说，过去的美德是指遵守宗教或政府权威所推行的、或者内化在社群及家庭传统中的集体准则，现在则是以个人选择为荣。[59]情侣在确定如何共同生活时只需要自己商量，而不会按照别人的决定来做出判断。两性关系的脚本范围更为宽广，没有哪种模式要压倒其他。据统计，到20世纪90年代已有约200种不同的关系形式被欧美人认可为"家庭"的一种。[60]除非有儿童虐待或成人间的暴力存在，否则其他所有行为都可供选择。20世纪60年代的司法改革争论并非基督教义与自由恋爱之争，而是有关外部规制在维系长期忠贞关系中的作用。新的正统在摇摆不定与长期妥协中诞生，反抗着森严规矩和保密传统造成的令人扭曲的压力及相应的逃离回避，树立起以个人决策为美德的价值观。亲密关系在过去曾与那么多物质与制度压力对抗、共存，如今则成为个人选择的终点与理由。由此看来，受保护的交流的质量在一段关系中显得更为重要。在这个勇敢新世界的热情支持下，安东尼·吉登斯强调了两个人的成就之旅是如何尚未开言便已出发："'第一眼'就是一个交流信号，能够通过直觉感受对方的气质。"[61] 而一旦关系形成，一切都将取决于这对恋人避开外界目光的压力来互换信息的能力，"自由开放的交流是纯粹恋情的必要条件，恋爱本身就是一场座谈"。[62]

隐私的基本物理边界仍然存在。无论是以个人还是小家庭为单元生活，绝大多数人还是要关上门，在隔音墙以内过日子。到目前为止，大部分人都会选择住在独门独户的房子里。2012 年的英国住宅中，高层公寓所占比例还不到 2%。[63] 大多数住宅都附带有某个可控范围内的空间：前院永远不会任人闲坐，后院也总是围起院墙。就像 4 个世纪前一样，往窗子里偷窥或听墙根都让人不能接受。访客必须谨慎而带有敬意地进入住宅，而主人则会采取一系列策略来确定是否要为来人开门。[64] 这是公共与私人领域的物理距离达到顶峰之时，直到数字革命让远程工作成为可能。生育、患病及死亡都逐渐进入医疗覆盖范围，而且从 20 世纪 70 年代开始，居民出国度假数量出现快速增长，这都使过往的集体仪式或庆典大大减少。[65] 与此同时，每个小家庭都要处理好与隔壁邻居的关系。在这片过于拥挤的土地上，19 世纪朝独门独户方向发展的势头戛然而止。如今的英国居民中约有 3/4 要与别人比邻而居，比如排屋、半独立式住宅或者公寓，而且街坊邻居之间正变得越来越冷漠。[66] 最近一项调查显示，只有 1/5 的家庭报告有某位邻居会经常来访，超过 1/3 的家庭承认只有在偶然情况下才会见到邻居。无论年龄、阶层或性别，都要收取大量信件或包裹。[67]

随后的一项调查问道："如果离你家最近的 5 户人家中持续存在家庭暴力或其他虐待行为，你是否会确定自己能够发现？"[68] 只有 6% 的人回答"肯定能"，超过一半的人回答"可能不会"或"肯定不能"。社区或政府管制减少，意味着人们要更多指望个人来为私密生活中的行为举止掌舵。隐私特有的风险令其更为复杂。在私密关系里允许更大的行为自由度，本身并不能防范利己行为和权力滥用。举个例子，妇女受雇率的提升加速了战后主流婚姻模式的瓦解，但妇女的收入却仍然比男性同事更低，也更不稳定。在争论和决策的关键时刻，妇女的选择仍然较少，特别是当她们在一段关系里有了孩子，无论是法律还是社会期望都会要求她们对此负责。儿童也很容易受到忽视或虐待。因此，在管控成人如何共同生活的力量瓦解后，对他们子女的权利保护、提升外部监控与干预系统的尝试都还远未成功。1989 年的《儿童法》（Children Act）要求父母和外部专家共同制订计划，确保家庭动荡不会对儿童造成直接伤害，而且儿童的长期健康与发展也不会受损。[69] 当邻居的目光都已经转回到自家内部，人们便致力于提升对易受伴侣侵害的妇女的法律支持。在这项调查覆盖的所有时期，妇女都无法因婚内强奸而寻求法律援助。最终在 1991 年，英格兰与威尔士和其他一些发达国家一样，明确规定强奸罪行不应因为发生在婚内而受到豁免。

改革的爆发一方面是因为性别、年龄、种族的结构性差异造成了长期冲突，另一方面则是家庭内部越来越游离于审查与规管之外。19 世纪以来，公共与私人领域的分隔就被当作自由精神的基石，而在批评声音最强烈的时候，这也遭到了全面抨击。以凯瑟琳·麦金农为主要代表的意见称,隐私就是缺乏系统性力量的弱势群体的一种幻觉。妇女仅是名义上的独立个体,却被排斥在公共事务以外,而家庭内部越来越不易接近,这也使得暴力与其他形式的歧视能够继续存在,得不到抑制。[70] 这种攻击与前文中提及的欢庆隐私之死彼此关联。对这种公私分离的其他批评指出,在关系形成与终结的过程中,增加选项能够带来收益,而且女性在保护亲密关系不受外界监控的过程中一直与男性同等重要。人们不再将私人与公共领域那么严格对立,但这么做也并无必要。批评者认为两者之间的界限未必如同城墙壁垒,而更像是一种半透膜,可以容许适当的信息与行为穿过,也可以借此寻求环境与期望的完全平等。[71] 这是在赌变化还会继续。希望战后定势的打破,是个人在面对宝贵的信任与互相尊重时能够如何表达自我的一个开始,而不是终点。

在 20 世纪临近尾声时,出现了对隐私行为自由化的反对声音。艾滋病的流行和战后经济繁荣期的终结挑战着改革派的乐观精神,也让基督教右翼掀起了一场反对运动。不过,尽管对堕胎和同性恋权益等问题的口诛笔伐越来越多,但政府对重新闯入卧室的行为仍保持着克制。主要法规仍然适用,也没什么证据表明性行为或家庭形成方式会受到尖锐的公众争论的影响。[72] 反而是数字革命愈发紧迫的步伐开创了政府干预私密交流的新时代。正如经济合作与发展组织(OECD)在一份重要文件中所称,"或许可以将 20 世纪 70 年代表述为,在面临个人数据采集与使用问题时,为了保护隐私而进行密集调研与立法活动的一段时期"。[73] 在这个过程中,保卫个人信息成了一桩国际事件。在现代时期的大多数时候,隐私与国家的关系都处于对立面,水火不相容。在 19 世纪,很多国家在定义自己的自由民主之路时，会用自己对隐私领域的尊重，去对比俄罗斯或奥地利等古老王朝制国家大举侵入个人隐私的做法。允许信息自由流动，减少聘用情报人员来侦察国民，尊重家庭的神圣不可侵犯，无论部分国家在这些目标上有多么举棋不定，这都仍是现代性的决定性特征。正如我们所见，在俄国革命触发的极权与民主的长期斗争中，传统反而获得了加持。如今稳定和谐成了优点，无论是疆界还是政体都最好如此。在一系列国际组织的敦促下，西方世界大多出现了同类立法干预。在共同的基础上构建问题，用类似的语言进行定义，并且将其嵌入基本已标准化的机制中去。

这种趋同的背后有两大驱动因素。首先，隐私并不是作为饱受争议的家庭愿景出现，而是一项无可置疑的人权，只有在与其他可贵的价值（比如言论自由）相冲突时，其力量才会受限。战后联合国与欧洲的共同声明使保护家庭及个人通信成为现实，这也是 20 世纪最后 25 年及以后所有的干预倡议的必然结果。[74] 1950 年的《欧洲人权公约》(European Convention on Human Rights) 正式确立了这一权利，随后设立的欧洲法庭则提供了进一步支持。公约在 1998 年被吸纳进英国法律，还伴有该领域的多项国内立法。[75] 第二个驱动因素是数字革命，从发生之初，其影响就得到广泛认识，但都是一知半解。在它们的道路上，早已有类似的革新将个人信息管理国际化。在 19 世纪，电报的发明及通信量的快速发展促成国际电报联盟在 1865 年成立，1874 年万国邮政联盟成立，在建制及愿景上成了国际联盟和联合国的先导。[76] 两个机构都存续到了计算机时代，并在制定与执行全球通信标准方面持续发挥着作用。

但这样的进步还不足以取得综合性的成果。一个合作立法项目要求聚焦目标，并重新定义需要保护的关系。战后的人权宣言特别指出，家庭是十分脆弱的单元。在英格兰和威尔士等普通法司法辖区，仍然很难在一部法规中囊括这么广泛的诉求。如果是已在宪法中体现了整体原则，这种做法就更为可行。比如1949年的《德意志联邦共和国基本法》(Basic Law of the German Federal Republic)规定，"婚姻与家庭应当受到国家的特别保护"，以及"不得侵犯通信、邮件与电子通信的隐私"。[77]当荷兰在1983年重写19世纪宪法时，也规定"每个人都有权尊重自己的隐私"。[78]连苏联的1977年宪法都包含了这项权利，更进一步的是，其刑法还专门明确了对破坏"公民通信秘密"的惩罚措施，即"不超过6个月的劳改，或不超过30卢布的罚款，或给予公开谴责"。[79]不过，仍只有零星案例能将普遍权利转化为国家法律。而另一方面，数据保护的概念提供了一项更易管理的协同行动内容。美国的1974年《隐私法》(Privacy Act)虽然题目很广，但内容却局限在篡改居民数据上，而且约束的对象只是政府行为，不包括私人机构。[80] "信息自决"(informational self-determination)成为席卷发达国家的新立法浪潮。[81]在经合组织的报告发布一年后，欧洲委员会发布了《自动处理个人数据保护公约》(Convention for the Protection of Individuals with regard to Automatic Processing of Personal Data)，这也随之成为具有约束力的欧盟指令。[82]用英国1984年法令的话来说，通过国家法律是为了"规范使用自动化处理下的个人信息"。[83]其标准形式是一套普适的、内嵌在法律中的准则，内容较为宽泛，能够适用于特定国家的政治管理模式，哪怕是像英国这样原本不太情愿参与其中的国家。[84]在法规与机制形成的框架中，个人对自身数据的所有权才能落到实处。除非特殊原因，他们有权利确认这些信息不被任何机构获取，数据记录准确，未经允许不得交给第三方。[85]

这一规定面对的是一个匿名的世界，人们希望超越国境彼此相连。其中并未提及家庭或社会单元内部的交流,或者在亲密团体中共享的信息,所规定的关系都是在经济交易的背景下。经合组织与欧洲各机构的涉入并不是要发起改革,而是想控制改革的进程。到1980年,经合组织中的一半成员都已通过或拟定了数据保护相关法律。在数字革命的背景下,受到威胁的隐私与去监管化、开放市场有着明显冲突。欧洲公约建议:"有必要协调'尊重隐私'与'信息的人际自由流动'这两种基本价值观。"[86] 由于在应对信息技术引发的担忧时毫无章法,部分国家会倾向于放弃它带来的效益。[87] "存在这样的风险,"经合组织警告道,"国家立法的不一致可能危害到个人数据的跨境流通,此类数据流近些年来增速明显,而且必然会随着新的电脑及通信技术的普及而进一步增长。"[88] 欧洲的政策制定者怀疑政府是在利用数据流量监管,从而能在非关税贸易壁垒行将拆除之际,继续树立起新的壁垒。是否能由全球性软件或跨国公司来承担类似功能,此类前景还有待设想。

尽管存在种种局限,但数据保护运动仍是自教皇在试图控制古登堡(Gutenberg)* 的发明的战役中败下阵来之后,对信息管理最大规模的多国干涉。政府与私人企业以越来越先进的信息技术武装自己,保护私人通信不受其监控的法律却没那么一致和有效。相关法规从17世纪开始起步,先是用于保护通信安全,随后拓展到电报与电话,现在还得进一步应对数字革命带来的威胁。起初,政府在保护国民时的自我定位也成问题。除了美国电话系统之外,通信网络往往由政府垄断。这已成为自由民主契约中的一部分:政府提供远程交互的基础设施,但要克制自己,不得利用不断扩展的网络来提高刺探国民私密生

---

* 古登堡(Gutenberg):指约翰内斯·古登堡,他是德国15世纪的印刷商,通过推广使用活字印刷术推动了印刷机的革命。——译者注

活的能力。就像警察需要搜查许可证才能进入民宅一样，安全机关也需要有某种公正权威的裁决，才能打破邮件或在线聊天的不可侵犯性。现实中，政府仍然保有在察觉国家安全受到威胁时采取行动的权力，这在20世纪全球性冲突期间被广泛利用，也能较为隐蔽地应对和平时期的紧张状况。

当因特网与万维网的规模与复杂性已显而易见，政府就不得不放弃投资管控的任务。各处的虚拟隐私网络都已经私有化。与此同时，政客们也发现自己具有前所未有的机会去触及选民的想法与意见。当冷战的篇章终结之后，国际恐怖主义时代开始了。为应对潜在的安全威胁，从隐蔽处进行监视的热情又重新高涨。随着数据保护运动的开展，也有人试图构建隐私保护的框架。在1999年，欧洲议会通过了《对新技术下交流内容的合法拦截解决方案》(Enfopol)，并在其中提出执法共同体的监管日程。[89]这是为了让政府从全球网络提供商处获取数据的过程能够公开透明、前后一致。但在现实中，这两点品质都未有体现。国家法规本来就是东拼西凑，在日益猖狂的恐怖分子威胁下就更加杂乱无章，2000年英国通过了《调查权规范法》(Regulation of Investigatory Powers Act)，而美国则在2001年9·11袭击发生后火速通过了《爱国法案》(Patriot Act)。[90]这类立法几乎很快就会过时，内容含糊不清，很快就被社交网络的快速发展抛在身后，也不能充分领会安全机构已经涉入的各类活动。早在1967年，记者查普曼·品切就揭露了美国国家安全局（NSA）与英国政府通讯总部（GCHQ）在合作从美国电话公司窃听数据。[91] 2013年，爱德华·斯诺登又对公众重提旧事。[92]时隔半个世纪，可获取的数据规模已今非昔比，而安全机构也显然更愿意绕过与互联网公司的正式协议，直接侵入他们的光纤电缆。

在1844年的第一次现代隐私危机中，很难清楚地知道有多少信件被蒸汽拆封。而如今的政客（尤其是在英国）就和那时一样，企图躲在"既不证实，也不否认"的防火墙后，将问题进一步复杂化，虽然无意为之，但必然会引出无穷无尽的阴谋论。和以往一样，全知者的阴影笼罩在上空，人们情愿相信监视网的中央存在着一个知晓一切的智慧体。无怪乎爱德华·斯诺登在解释自己的行动时，会将美国国家安全局形容为"圆形监狱"。[93] 正如我们所见，一场大型通信革命将带来同样热烈的希冀与恐惧。

首先，信息滥用的威胁本质如何，这一点仍然很不确定。矛盾的焦点在于，隐私最为神圣的一面也最为脆弱。斯诺登解释说，他不想活在这样一个世界里："我说的每一句话，做的每一件事，每一个交谈的对象，每一点儿爱与友谊的表达都被记录在案。"[94] 但也有观点认为这种担忧并不恰当，原因有两点。为了国家安全而进行数字监控，危机更可能体现在自由政体下个人与政府的关系上，而不是通信隐私的保护。在有关斯诺登的电影《第四公民》(*Citizenfour*)中，数字化积极分子首领之一雅各布·阿佩尔鲍姆点破了用词上的偷梁换柱："我们以前称为自由的东西，现在叫作隐私。而同时我们又可以说，隐私已死……当我们失去隐私时，我们便失去了媒介，失去了自由本身，因为我们在表达想法时不再感到自由。"[95] 英国议会情报与安全委员会在斯诺登事件后的报告中就算没有认可这段论述的合理性，也起码认可了它的存在。"对许多人来说，互联网自由开放的本质就代表了民主自由，同时他们认为，不应该为了找出少数利用网络作恶的人而让这些价值受损。"[96] 在本书完成之时，有迹象表明官方正在发起一项运动。美国《自由法案》(Freedom Act)在2015年6月初获得国会通过，部分抑制了政府机构大举采集电信记录的行为，不过仅限于美国

境内。当月晚些时候,英国恐怖主义立法独立审查员大卫·安德森在一篇报告中总结道:

> 《调查权规范法》在立法之初就含糊不清,在打过多次补丁之后,除一小部分起草人之外便无人能理解。还存在大量其他侦查势力,有些甚至连法定的安全措施都没有,把情况搅得更加混乱。这种事态既不民主,也无必要,而且长期来看也不可容忍。[97]

新保守派政府会如何回应简化立法、将首相的监听管理权转交给法官的建议,这还有待观察。

19世纪的解决方式是,政府仅在怀疑存在明显违法情形时,才能对市民的言行想法开展调查。除此之外,政府同意移开目光,不去注视家庭内部及居民的内心想法。20世纪福利系统的兴起却削弱了这种协定,政府机构开始收集、储存、处理各阶层的个人信息,有时还包括他们的人际关系信息。不过,这种监视的目的尚可接受,而且除了在战时,信息也不会被整合成完整的个人档案。基于网络的交流规模庞大,既体现在用户数量上,也体现在所传递的个人信息范围上,这表明政府与人民的关系出现了明确的断层。如果为防范可能计划或实施的犯罪行为,就要收集所有信息,那么进退间的平衡就被打破。不再需要等到出现怀疑时才启动监视,因为每个人都可能通过思考或行动威胁到国家安全,所以必须要收集信息。私人与政府之间的巨大鸿沟意味着能下这样的判断——政府可以在选民个人信息大量缺失的情况下进行统治。但在21世纪初,政府被数字通信的无穷可能所引诱,又被无尽的恐怖主义威胁所困扰,已经不知道还有什么信息是他们无须得知的。

关于数字监视的影响,第二点警示来自亲密交流的本质。自 20 世纪 70 年代起,人们就一直倾向于高估新技术的监视能力。在实际侵入隐私时,监视须由 5 个连续步骤组成:具备观察能力,发生观察行为,理解所看到的内容,根据获得的信息进行干预,监视对象由此改变自己的行为。[98] 而在有可能出现第一步时,人们往往就自动推断出后面 4 步。举例来说,仅仅是因为在公共场所及家中安装监控摄像头,就引发了许多焦虑。英国在欧洲国家中率先安装了超过 400 万台监控设备。到 20 世纪末,英国的人均摄像头数量已经超过包括集权政体在内的所有国家。[99] 杰里米·边沁或许会着迷于这只空洞的、俯瞰着毫无戒心的人民的巨眼,而且它的命运也和圆形监狱大不相同,安装过程获得了巨额的公共资金投入,到 20 世纪 90 年代已累计花费了约 5 亿英镑。[100] 投资前并没有开展基于证据的学术研究,而是之后才有。这些监控似乎在大部分情况下都是雇了毫无专业性的闲散人员来看,他们对新工作没什么责任感,职业操守也十分薄弱。[101] 摄像头常常装错位置,画面质量不佳,很难在犯罪的预防或破获中发挥关键作用。唯一对行为的持续影响体现在停车场的使用上。另一点疑虑在于,现在的视觉识别软件是否能克服产生大量冗余图像的问题。[102] 对此类监视的反对与历史完全无关。直到 20 世纪后 1/3 时段、汽车普及之前,人们普遍认为一个人只要离开住所,便或多或少进入了公共视线,除非他们是故意要大隐隐于市。如果他们正在旅行,他们会与其他旅客为伴,或落入路人的视野。在最近一段时间以前,若有人认为普罗大众在工作或休闲时应当对自己的影像进行完全掌控,还会令人感到不可思议。

对电子邮件、手机通话及最近的社交媒体的使用似乎提供了关于私人交流的更为丰富的信息来源。正如此前章节中所论述的，所有将自己的想法与感受提交给通信技术的人，都能或多或少意识到信息落入旁人之手的风险。早在 15 世纪《帕斯顿信札》（*Paston Letters*）的时代，所谓"信件焦虑"便已存在，随后在电报与电话的使用中也出现了类似的忧虑。19 世纪的电子发明带来了隐形监听的新威胁，让人们也加倍依赖加密文件。那些使用加密技术来保护信息的人与受雇于政府来破解信息的人之间存在长期斗争，至少可以回溯到 17 世纪中叶约翰·威利斯的时代。而数字时代的差别在于规模。隐私保护技术被安全机构视为其监控能力的主要威胁，而被用户视为替代前景不明的司法保护的最佳选择。[103]

　　新媒体的出现及演化的过程如此复杂，也构成了新焦虑感的参照系。在本章所涉及的大部分时期中，多数人还在使用维多利亚时代便已熟知的交流工具。在 1450 年以后，印刷术有效补充了语言的交流功能，但也无法完全替代。[104] 从大型电脑到手机，从电子邮件到脸书，随后的数字化发明浪潮也是如此，旧技术在新发明到来之时便形成了新的运用模式，从而丰富了约翰·诺顿所说的媒体"生态系统"。[105] 数字网络代表着变化的方向，而不是某一时刻的现状。即使到 2007 年，英国女性日常"更新亲朋好友动态"的私人交流方式里，最常见的渠道仍是"面对面交谈"，占比 51%，其次是通过电话这种诞生已超过 100 年的技术，占比也在 47%。短信息居第三位，大大领先于电子邮件。这样的频繁联系不利于信件发展。在维多利亚时代晚期的城市中，一天内可以有多达 12 次递送，让短途信件往来可以接近短信或电子邮件的速度与频率，但现在只有 1% 的日常沟通会采用这种方式。不过在保持"一个月一两次"联系的亲友之间，这仍是使用最为广泛的沟通渠道。[106]

自 21 世纪的头 10 年开始,社交媒体的使用量就在快速增长,令人加倍担忧,那些爱出风头的人正在破坏个人信息已有的全部防线,把信息控制权拱手交给跨国公司,也不管它们与政府机构是否有勾结。或许最好不要将这种现象视为一种彻底脱节,这仍是隐私管理中早已存在的特征,只是更加集中。首先,意愿与能力都要受限于人的生命周期。在过去任何时代,个人可达成的期望都与年龄、家庭条件息息相关。[107]孩子在成长过程中逐渐对自身信息要求更多掌控权,随后作为成年人,与家庭成员一起形成新的共同认知,创建并扩展自己的朋友圈。在早年间,对个人档案的威胁较少,但私密空间也并不多。数字媒体的兴起为人数渐众的独居人士提供了交往机会,不过独处与互联网之间也不是简单的此消彼长。总体而言,老人更可能独自生活,也较少使用社交媒体。这种新社交机会的使用者中,大多数只是想要丰富在邻里、学校、家庭中发展起来的人际网络,而不是完全取而代之。2013 年,一项针对美国青少年的研究发现,"脸书被视为线下交际的一种延伸,也是青少年生活中固有的社交谈判与操控手段"。[108]在 19 世纪与 20 世纪,越来越多的青少年能够拥有自己的空间,同时要和兄弟姐妹或父母明争暗斗,以保护自己的领地。写信、打电话、给朋友发短信都是逃脱家庭限制的方法。就像伊丽莎白·艾芙林在 17 世纪末的秘密情书一样,虚拟隐私技术正是隐匿与逃离的源泉。[109]父母们想要监护孩子的道德发展,这些交流渠道却在挑战着他们的权威。这就和关上房门,不让其他人偷看一样。有了各类媒体,就存在风险的交互。是接受无可避免的曝光,还是面对社交网络的匮乏,这就需要两相权衡。

无论任何社会层级、任何时代,个人通信中都极少存在绝对隐私。[110]墙壁太薄,房间太挤,信封太脆弱,社交媒体太缺乏约束。问题在于能够实施的控制措施水平有限,而可能拦截信息传送的力量又高高在上。一般会存在这样一种担心,即远方的机构或个人能够知晓有信息发出,有时还能获得其中的内容。真正关键的是,这些未经允许的阅读者是否有能力完整实施监视的五个步骤,最终反向影响到被监视对象的现状或未来。正因为如此,有研究报告了青少年社交媒体用户的焦虑来源等级,最高水平不是来自国家安全机关或跨国公司,而是妈妈,紧随其后的是老师和潜在雇主。[111] 因此问题在于要在快速迭代的平台上处理不那么透明的隐私设置,并在它们给出的机遇与威胁之间找出一条通道。在这项任务中,操作者小心判断着要向谁透露信息,选择透露什么信息,以及如何对信息加密。关键的变量并不是内容,而是信息所处的背景。[112] 信息以一种只有特定接收方才能理解的方式与语言发出,而看到信息的其他人就多少没那么清楚。达纳·博伊德写道:"通过这种暗语,青少年能把很多人排除在八卦圈之外,包括父母、老师和没进入核心社交圈的同龄人。"[113] 皮尤研究中心发现,在青少年社交媒体用户中,大多数人会"将更新的状态与发表的内容写得隐晦不明,分享内涵笑话和其他加密过的信息,只有某些朋友才能看懂"。[114] 其中的用词十分微妙,包括共同知晓的典故、对人与事件的已知信息。"我发到脸书上的所有东西都是给认识我的人看的,"一名用户解释道,"他们能看懂我在说些什么。"[115]

尽管个人详细资料与感受都被暴露殆尽,但在社交媒体的用户中,也有刻意的沉默与聚焦。青少年会探索多种关系的可能性,试着使用多重身份,并为特定读者编制不同信息。没有一条渠道、一套信息能囊括用户对自己的全部认知。读取数字交流中埋藏的深意需要专业技术,虽然有语义识别方面的投资,但这仍是监控系统所努力实现的目标。从数十亿被拦截的电子邮件中自动筛选出关键词是一回事,在无聊的青少年日常交谈中重构出话中含义就是另一回事了。一直以来，隐私的最佳保护就是交流过程的复合性。无论是蒙田在 16 世纪划分的各类面部信号，还是尼克拉斯·卢曼从不同语言交流中找出的内容、表达与理解方式的差异，[116] 旁观者与社交网络中某次交流的背景距离越大，所累计损耗的理解力就越多。[117]

将信息视为一种个人财产，这对隐私的价值既是夸大，同时也是低估。在现代工业社会与通信系统的压力之下，如果对自己过去与现在的所有想法、事实与感受都能自主掌控，就可以说是杰出人物了。为应对数字革命而出现的数据保护立法将掌握自身详细档案的个人摆在了首要位置。人们强调要有封闭的亲密关系，但代价是情感模式更为松散多变，更注重从身心两方面逃离他人的过度陪伴的需要。[118] 这些孤寂的自我满足方式根基浅薄。独处有其自身历史，正如我们所见，至少可回溯至中世纪晚期的秘密祷告者。但在宗教形式中，这其实是在回击对孑然独立者抱有的忧虑，而且也被接纳为集体仪式的一种。而在此后更为生活化的表现里，独处更像是一种为社会关系充电的方式，而不是要彻底脱离社交。

关于隐私保护的主张蕴含在海伦·尼森鲍姆所定义的 "背景完整性"（contextual integrity）中，即指特定社交过程中与信息传递相关的规则与预期。[119] 对某项个人信息是要和盘托出还是有所保留，有赖于在这次交流中感受到的双方平衡关系。为获得诸如信用之类的现代经济基本商品，人们可能会轻易同意交换。[120] 如果双方关系极不对等，或者管理规则根本就很含糊，就有必要进行干预，但这种需求是源于特定的谈话背景，而不是因为信息属于某个类别，或者有强制获得信息的要求。对个人权利的关注削弱了对隐私保护的支持。正如普莉希拉·里根所言，"隐私政策的哲学基础过于强调隐私对个人的重要性,而忽视了其更广泛的社会重要性"。[121] 同样地,它也低估了隐私对民主自由发挥功能的重要性,[122] 个人与公共利益之间的对立只好让步于政府机构的观点。"保护个人隐私不必让社会付出代价,"丹尼尔·索洛夫写道,"事实上,保护人民隐私的价值应当体现在其社会收益上。"[123] 过分将重点放在个人资料的保护上,让界定"隐私的合理预期"更为不易。这让人生出匿名与信息自治的愿望,而这在过去是完全不可行的。与此同时,这也转移了人们的视线,不再关注特定背景下交流过程的复杂与微妙,以及窃听者所面临的挑战。古往今来的各种监控形式带来的威胁重点不在于对隐私的破坏,而更多地在于对所交流的信息的歪曲误读。[124]

在本章所涉及的时代之初,弗朗西斯·福特·科波拉刚刚因《教父》(*The Godfather*)而大获成功,便开始募资制作个人作品《对话》(*The Conversation*),以阐释对窃听日渐增长的忧虑。"这部电影将讲述我们社会中滋生的噩梦,"他告诉《纽约时报》,"一个采用所有精密电子工具来刺探我们私生活的系统。"[125] 然而《对话》不仅是那个恐怖时代的目击者,它还额外关注了一些事物,共同刻画出有关这一主题的更多细节。其核心主题在于积极隐私与消极隐私之间的差异,前者是最深刻的亲密关系形式,而后者则是最为孤寂的与世隔绝。电影主角是一名传奇的职业窃听者,他全心投入自己的工作,这要求他克制自己对被记录者生活的好奇,同时不能与任何人——哪怕是他的手下——产生有意义的深交,以保护自己的隐私。他唯一真正珍视的就是自己的家门钥匙。科波拉给他起名为"哈里·科尔"(Harry Caul*),这让人联想到一张被薄膜覆盖的脸,无法看清别人,也不会被人看

---

* Caul:意为胎膜。——译者注

清，他在整部电影里身着不透明的塑料雨衣。[126] 哈里·科尔被致命的理解问题所推动，注定要走向崩溃。戏剧冲突产生在他反复尝试解释仪器记录下的一对情侣之间的交流之时。他最终搞清楚了每句话，却完全误会了它们的含义。他错置了关键句子里的一个音调，因而读出了相反的意思。[127] 这对情侣间的对话对他来说仍然隐而未现。他以为他们是潜在的谋杀受害者，最后发现他们才是嗜血的猎手。在最后一幕中，哈里·科尔将自己的住所砸得粉碎，来搜寻他以为已被植入自己体内的窃听器，接着镜头切换到这对情侣真实对话中的一个温馨时刻，女子从男人眼睛里移除了什么东西。[128] 他们对彼此而言是什么角色，这是哪种监视都无法发现的。

注 释

第 1 章 前隐私时代（1300—1650）

1 All the cases are reported in Helena M. Chew and William Kellaway (eds.), *London Assize of Nuisance, 1301–1431*. London Record Society Publications, vol. X (London: London Record Society, 1973), p. 88.
2 Georges Duby, 'Introduction: Private Power, Public Power', in *A History of Private Life. II: Revelations of the Medieval World*, edited by Georges Duby (Cambridge, MA: Belknap Press, 1988), pp. 4–6.
3 See, *inter alia*, Emily Cockayne, *Cheek by Jowl: A History of Neighbours* (London: Bodley Head, 2012), p. 14; Judith Flanders, *The Making of Home* (London: Atlantic Books, 2014), p. 67; Edwin Heathcote, *The Meaning of Home* (London: Frances Lincoln, 2012), p. 155; Thomas O'Connor, 'The Right to Privacy in Historical Perspective', *Massachusetts Law Quarterly*, 53 (June 1968), p. 102; Lawrence Stone, *The Family, Sex and Marriage in England 1500–1800* (Harmondsworth: Penguin, 1979), p. 170; Peter Earle, *A City Full of People: Men and Women of London 1650–1750* (London: Methuen, 1994), p. 211; Edward Shils, 'Privacy and Power', in *Center and Periphery: Essays in Macrosociology*, by Edward Shils (Chicago: University of Chicago Press, 1975), p. 323.
4 Samuel D. Warren and Louis D. Brandeis, 'The Right to Privacy', *Harvard Law Review*, 4, 5 (1890), pp. 193–220. On the article, see pp. 2, 76–7, 116.
5 Alan F. Westin, *Privacy and Freedom* (London: Bodley Head, 1970), p. 7.
6 Diane Shaw, 'The Construction of the Private in Medieval London', *Journal of Medieval and Early Modern Studies*, 26 (1996), p. 450.

7   William Reddy, *The Navigation of Feeling.: A Framework for the History of Emotions* (Cambridge: Cambridge University Press, 2001), p. 45.
8   Diana Webb, *Privacy and Solitude in the Middle Ages* (London and New York: Hambledon Continuum, 2007), p. ix. Also, Irwin Altman, 'Privacy Regulation: Culturally Universal or Culturally Specific?', *Journal of Social Issues*, 33, 3 (1977), pp. 81–2.
9   David Gibbons, *A Treatise on the Law of Dilapidations and Nuisances* (2nd edn, London: John Weale, 1849), p. xxv; C. C. Knowles and P. H. Pitt, *The History of Building Regulation in London 1189–1972* (London: Architectural Press, 1972), pp. 6–14.
10 Cockayne, *Cheek by Jowl*, p. 30.
11 Chew and Kellaway, *London Assize of Nuisance*, p. 100.
12 Chew and Kellaway, *London Assize of Nuisance*, p. 103.
13 John R. Gillis, *A World of Their Own Making: Myth, Ritual and the Quest for Family Values* (Cambridge, MA: Harvard University Press, 1996), p. 33.
14 Barbara H. Rosenwein, *Emotional Communities in the Early Middle Ages* (Ithaca: Cornell University Press, 2006), p. 191.
15 Christena Nippert-Eng, *Islands of Privacy* (Chicago: University of Chicago Press, 2010).
16 David H. Flaherty, 'Visions of Privacy: Past, Present, and Future', in *Visions of Privacy: Policy Choices for the Digital Age*, edited by Colin J. Bennett and Rebecca Grant (Toronto: University of Toronto Press, 1999), p. 26.
17 Jane Grenville, *Medieval Housing* (Leicester: Leicester University Press, 1999), pp. 127–32.
18 Flanders, *The Making of Home*, pp. 56–7.
19 Christopher Dyer, *Everyday Life in Medieval England* (London: Hambledon, 1994), pp. 133–65.
20 R. Machin, 'The Great Rebuilding: A Reassessment', *Past Present*, 77 (November 1977), pp. 33–56.
21 N. W. Alcock, *People at Home: Living in a Warwickshire Village, 1500–1800* (Chichester: Phillimore, 1993), pp. 54–93.
22 Nicholas Cooper, *Houses of the Gentry 1480–1680* (New Haven: Yale University Press, 1999), pp. 275–7.
23 Raffaella Sarti, *Europe at Home: Family and Material Culture 1500–1800* (New Haven: Yale University Press, 2002), pp. 129–30.
24 Bill Bryson, *At Home: A Short History of Private Life* (London: Doubleday, 2010), p. 65.
25 Henry Wotton, *The Elements of Architecture* (London: John Bill, 1624), p. 8.
26 Lena Cowen Orlin, *Locating Privacy in Tudor London* (Oxford: Oxford University Press, 2007), p. 300.
27 W. G. Hoskins, 'The Rebuilding of Rural England, 1570–1640', *Past & Present*, 4 (November 1953), p. 54.

28 Tim Meldrum, 'Domestic Service, Privacy and the Eighteenth-Century Metropolitan Household', *Urban History*, 26, 1 (1999), p. 33. Also, Linda A. Pollock, 'Living on the Stage of the World: The Concept of Privacy among the Elite of Early Modern England', in *Rethinking Social History: English Society 1570–1920 and its Interpretation*, edited by Adrian Wilson (Manchester: Manchester University Press, 1993), p. 82; Orest Ranum, 'The Refuges of Intimacy', in *A History of Private Life. III: Passions of the Renaissance*, edited by Roger Chartier (Cambridge, MA: Belknap Press, 1989), p. 211.
29 Nicole Castan, 'The Public and the Private', in Chartier, *A History of Private Life. III: Passions of the Renaissance*, p. 412.
30 J. H. Baker, *An Introduction to English Legal History* (London: Butterworths, 1971), p. 284. By 1500 the crime had become associated with entry at night. Daytime entry came under the offence of housebreaking, which was codified during the early sixteenth century.
31 Grenville, *Medieval Housing*, p. 126.
32 Virginia Smith, *Clean: A History of Personal Hygiene and Purity* (Oxford: Oxford University Press, 2007), pp. 156–7.
33 D. J. H. Clifford (ed.), *The Diaries of Lady Anne Clifford* (Stroud: Alan Sutton, 1991), pp. 25–7.
34 Bryson, *At Home*, p. 55.
35 Alice T. Friedman, *House and Household in Elizabethan England: Wollaton Hall and the Willoughby Family* (Chicago: University of Chicago Press, 1989), pp. 146–7.
36 Orlin, *Locating Privacy in Tudor London*, p. 299.
37 Anne Laurence, 'The Closed Disclosed: The Ambiguous Privacy of Women's Closets in Seventeenth-Century England', unpublished paper; Andrew Cambers, *Godly Reading: Print, Manuscript and Puritanism in England, 1580–1720* (Cambridge: Cambridge University Press, 2011), pp. 43–54.
38 Sarti, *Europe at Home*, p. 131.
39 Ronald Huebert, 'The Gendering of Privacy', *Seventeenth Century*, 16 (2001), pp. 37–67.
40 Sasha Roberts, 'Shakespeare "Creepes into the Womens Closets about Bedtime": Women Reading in a Room of Their Own', in *Renaissance Configurations: Voices/Bodies/Spaces, 1580–1690*, edited by Gordon McMullen (Basingstoke: Palgrave, 1998), pp. 35–7; Philippe Braunstein, 'Towards Intimacy: The Fourteenth and Fifteenth Centuries', in Duby, *A History of Private Life. II: Revelations of the Medieval World*, p. 538; Cambers, *Godly Reading*, p. 73.
41 Alan Stewart, 'The Early Modern Closet Discovered', *Representations*, 50 (Spring 1995), p. 83.
42 Gillis, *A World of Their Own Making*, p. 32.
43 Duby, *A History of Private Life. II: Revelations of the Medieval World*, p. 510.
44 John Harvey, *Mediaeval Gardens* (London: B. T. Batsford, 1981), pp. 74–112.

45　Webb, *Privacy and Solitude*, p. 192.
46　Dyer, *Everyday Life in Medieval England*, pp. 113–31.
47　Charles Chenevix Trench, *A History of Angling* (London: Hart-Davis, MacGibbon, 1974), p. 28.
48　F. R. Raines (ed.), *The Journal of Nicholas Assheton of Downham, in the County of Lancaster, Esq.: For the Part of the Year 1617, and Part of the Year Following*. Chetham Society Publications, o.s. 14 (Manchester: Chetham Society, 1848), pp. 15–96.
49　Rebecca Solnit, *Wanderlust: A History of Walking* (London: Verso, 2001), p. 87.
50　Clifford, *The Diaries of Lady Anne Clifford*, p. 27.
51　Cambers, *Godly Reading*, pp. 110–15.
52　Clifford, *The Diaries of Lady Anne Clifford*, pp. 50, 52.
53　Francis Bacon, *Of Gardens: An Essay* (1625; London and New York: John Lane, 1902), p. 26.
54　Orlin, *Locating Privacy in Tudor London*, pp. 171, 231–6.
55　Steven Ozment, *Magdalena and Balthasar* (New York: Simon and Schuster, 1986), p. 32.
56　Dorothy M. Meads (ed.), *Diary of Lady Margaret Hoby 1599–1605* (London: George Routledge, 1930), p. 66.
57　Meads, *Diary of Lady Margaret Hoby*, p. 62. Entry for Friday 10 August 1599.
58　Samuel Slater, *A Discourse of Closet (or Secret Prayer)* (London: Jonathan Robinson and Tho. Cockerill, 1691), p. 19.
59　Ian Green, 'New for Old? Clerical and Lay Attitudes to Domestic Prayer in Early Modern England', *Reformation and Renaissance Review*, 10, 2 (2008), p. 198.
60　Patricia Crawford, *Women and Religion in England 1500–1720* (London: Routledge, 1993), p. 77.
61　Slater, *A Discourse of Closet (or Secret Prayer)*, p. 40.
62　Alan Macfarlane (ed.), *The Diary of Ralph Josselin 1616–1683* (London: Oxford University Press, 1976), p. 134.
63　Daniel Featley, *Ancilla Pietatis, or, The Hand-Maid to Private Devotion* (London: Nicholas Bourne, 1626), p. 111.
64　Isaac Archer, *The Diary of Isaac Archer 1641–1700*, in *Two East Anglian Diaries 1641–1729*, edited by Matthew Storey (Woodbridge: Boydell Press, 1994), p. 43.
65　Germaine Fry Murray (ed.), *A Critical Edition of John Beadle's A Journall or Diary of a Thankfull Christian* [1656]. The Renaissance Imagination series, edited by Stephen Orgel (New York: Garland, 1996), p. 63.
66　John Fielding (ed.), *The Diary of Robert Woodford, 1637–1641* (Cambridge: Cambridge University Press, 2012), p. 96.
67　Cambers, *Godly Reading*, p. 54.
68　Murray, *John Beadle's A Journall or Diary of a Thankfull Christian*, pp. 137–8. The second half of the second sentence is a quote from the

Sermon on the Mount (Matthew ch. 6, v. 6, Authorized Version). For a discussion of the popularity of the text in this period see Diarmaid MacCulloch, *Silence: A Christian History* (London: Allen Lane, 2013), p. 131.
69 Peter Burke, 'Notes for a Social History of Silence in Early Modern Europe', in *The Art of Conversation*, by Peter Burke (Cambridge: Polity: 1993), p. 127.
70 Eamon Duffy, *Marking the Hours: English People and their Prayers, 1240–1570* (New Haven: Yale University Press, 2006), pp. 3–5.
71 Murray, *John Beadle's A Journall or Diary of a Thankfull Christian*, p. 148.
72 Michael Mascuch, *Origins of the Individualist Self: Autobiography and Self-Identity in England, 1591–1791* (Cambridge: Polity, 1997), pp. 72–3.
73 Ralph Houlbrooke, *English Family Life, 1576–1716: An Anthology from Diaries* (Oxford: Blackwell, 1988), pp. 2–5; Braunstein, 'Towards Intimacy, p. 553–4.
74 Fielding, *The Diary of Robert Woodford*, p. 96.
75 Philippe Ariés, 'Introduction', in Chartier, *A History of Private Life. III: Passions of the Renaissance*, p. 5.
76 David Cressy, 'Levels of Illiteracy in England 1530–1730', *Historical Journal*, 20, 1 (1977), pp. 5–11.
77 R. A. Houston, *Literacy in Early Modern Europe: Culture and Education 1500–1800* (London: Longman, 1988), p. 130.
78 Andrew Taylor, 'Into his Secret Chamber: Reading and Privacy in Late Medieval England', in *The Practice and Representation of Reading in England*, edited by James Raven, Helen Small and Naomi Tadmor (Cambridge: Cambridge University Press, 1996), pp. 41–61.
79 Jessica Brantley, *Reading in the Wilderness: Private Devotion and Public Performance in Late Medieval England* (Chicago: University of Chicago Press, 2007), p. 12.
80 Mary C. Erler, *Women, Reading, and Piety in Late Medieval England* (Cambridge: Cambridge University Press, 2002), p. 136.
81 Karen Cherewatuk and Ulrike Wiethaus, 'Introduction', in *Dear Sister: Medieval Women and the Epistolary Genre*, edited by Karen Cherewatuk and Ulrike Wiethaus (Philadelphia: University of Pennsylvania Press, 1993), p. 4.
82 William Fulwood, *The Enemie of Idlenesse. Teaching the Manner and Stile how to Endite, Compose, and Wryte all Sortes of Epistles and Letters: As Wel by Answer* (London: Augustine Lawton, 1571), p. iii. See also, Angel Day, *The English Secretorie, or Methode of Writing of Epistles and Letters* (London: Thomas Snodham, [1625]).
83 Ozment, *Magdalena and Balthasar*, p. 27.
84 Stephen Ozment, *Flesh and Spirit: Private Life in Early Modern Germany* (New York: Viking, 1999), p. 17.

85 Linda A. Pollock, 'Parent–Child Relations', in *The History of the European Family. 1: Family Life in Early Modern Times 1500–1750*, edited by David I. Kertzer and Marzio Barbagli (New Haven: Yale University Press, 2001), p. 207.
86 Gemma Allen, *The Cooke Sisters: Education, Piety and Politics in Early Modern England* (Manchester: Manchester University Press, 2013), pp. 8–9.
87 Rebecca Krug, *Reading Families: Women's Literate Practice in Late Medieval England* (Ithaca: Cornell University Press, 2002), p. 18.
88 Norman Davis, *Paston Letters and Papers of the Fifteenth Century, Part 1* (Oxford: Clarendon Press, 1971).
89 Colin Richmond, *The Paston Family in the Fifteenth Century: Endings* (Manchester: Manchester University Press, 2000), p. 92.
90 Duncan Campbell-Smith, *Masters of the Post: The Authorized History of the Royal Mail* (London: Allen Lane, 2011), pp. 8–25.
91 Howard Robinson, *Britain's Post Office* (London: Oxford University Press, 1953), p. 2.
92 Diane Watt, *The Paston Women: Selected Letters* (Cambridge: D. S. Brewer, 2004), p. 83.
93 Pollock, 'Living on the Stage of the World', p. 85.
94 James Daybell, *The Material Letter in Early Modern England: Manuscript Letters and the Culture and Practices of Letter-Writing, 1512–1625* (London: Palgrave Macmillan, 2012), pp. 148–74.
95 James Daybell, '"I Wold Wyshe My Doings Mygth Be...Secret": Privacy and the Social Practices of Reading Women's Letters in Sixteenth-Century England', in *Women's Letters Across Europe, 1400–1700: Form and Persuasion*, edited by Jane Couchman and Ann Crabb (Aldershot: Ashgate, 2005), p. 157.
96 Ozment, *Magdalena and Balthasar*, p. 43.
97 Fulwood, *The Enemie of Idlenesse*, p. iii.
98 John Dod and Robert Clever, *A Godly Forme of Householde Government: For the Ordering of Private Families, According to the Direction of God's Word* (London: Thomas Man, 1612), p. 13.
99 Dod and Clever, *A Godly Forme of Household Government*, p. 19.
100 Dod and Clever, *A Godly Forme of Household Government*, p. 45.
101 Dod and Clever, *A Godly Forme of Household Government*, p. 104.
102 Dod and Clever, *A Godly Forme of Household Government*, p. 230.
103 Dod and Clever, *A Godly Forme of Household Government*, p. 88.
104 Dod and Clever, *A Godly Forme of Household Government*, p. 88.
105 Dod and Clever, *A Godly Forme of Household Government*, pp. 88–9.
106 Stone, *The Family, Sex and Marriage*, p. 170.
107 Friedman, *House and Household in Elizabethan England*, p. 65.
108 Dod and Clever, *A Godly Forme of Household Government*, p. 153.
109 Ian Archer, *The Pursuit of Stability: Social Relations in Elizabethan London* (Cambridge: Cambridge University Press, 1991), pp. 74–82.
110 Chris Wickham, 'Gossip and Resistance among the Medieval Peasantry', *Past & Present*, 160 (August 1998), pp. 3–24.

111 Jeremy Boulton, *Neighbourhood and Society: A London Suburb in the Seventeenth Century* (Cambridge: Cambridge University Press, 1987), p. 292; Keith Wrightson, *English Society 1580–1680* (London: Hutchinson, 1982), pp. 51–3; Cockayne, *Cheek by Jowl*, p. 21.

112 J. A. Sharpe, '"Such Disagreements Betwyx Neighbours": Litigation and Human Relations in Early Modern England', in *Disputes and Settlements: Law and Human Relations in the West*, edited by John Bossy (Cambridge: Cambridge University Press, 1983), pp. 169–73; Tim Stretton, 'Written Obligations, Litigation and Neighbourliness, 1580–1680', in *Remaking English Society: Social Relations and Social Change in Early Modern England*, edited by Steve Hindle, Alexandra Shepard and John Walter (Woodbridge: Boydell Press, 2013), pp. 189–209.

113 Marjorie Keniston McIntosh, *Controlling Misbehaviour in England, 1370–1600* (Cambridge: Cambridge University Press, 1998), pp. 54–107.

114 Cited in David Herlihy, *Medieval Households* (Cambridge, MA: Harvard University Press, 1985), p. 117.

115 John L. Locke, *Eavesdropping: An Intimate History* (Oxford: Oxford University Press, 2010), p. 11.

116 Webb, *Privacy and Solitude*, pp. 195–6.

117 McIntosh, *Controlling Misbehaviour*, pp. 207–10.

118 Michel de Montaigne, 'An Apology for Raymond Sebond', in *The Complete Essays*, translated and edited by M. A. Screech (London: Penguin, 2013), II.12, p. 507.

第2章 隐私与交流（1650—1800）

1 Roger Chartier, 'The Practical Impact of Writing', in *A History of Private Life. III: Passions of the Renaissance*, edited by Roger Chartier (Cambridge, MA: Belknap Press, 1989), p. 111.

2 Chartier, 'The Practical Impact of Writing', p. 116. Also, Cecile M. Jagodzinski, *Privacy and Print: Reading and Writing in Seventeenth-Century England* (Charlottesville: University Press of Virginia, 1999), p. 2.

3 Clare Brant and Susan E. Whyman (eds.), *Walking the Streets of Eighteenth-Century London* (Oxford: Oxford University Press, 2007), pp. 36–7. On the growth of the metropolitan urban community, see Peter Earle, *A City Full of People: Men and Women of London 1650–1750* (London: Methuen, 1994), pp. 165–77; Jerry White, *London in the Eighteenth Century* (London: Vintage, 2013), p. 3.

4 Richard Sennett, *The Fall of Public Man* (New York: Alfred A. Knopf, 1977), p. 63.

5 James Sambrook, 'Ward, Edward [Ned] (1667–1731)', *Oxford Dictionary of National Biography*, Oxford University Press, 2004, http://www.oxforddnb.com/view/article/28682; Howard William

Troyer, *Ned Ward of Grubstreet: A Study of Sub-Literary London in the Eighteenth Century* (Cambridge, MA: Harvard University Press, 1946), pp. 29–60.
6 Ned Ward, *The London Spy*, edited by Paul Hyland (1698–1700; East Lansing: East Lansing Colleagues Press, 1993), p. 10.
7 Pierce Egan, *Life in London; Or, the Day and Night Scenes of Jerry Hawthorn, Esq. and his Elegant Friend Corinthian Tom, Accompanied by Bob Logic, the Oxonian, in their Rambles and Sprees through the Metropolis* (London: Sherwood, Neely, and Jones, 1821). See pp. 54–6.
8 Jane Rendell, *The Pursuit of Pleasure: Gender, Space and Architecture in Regency London* (London: Athlone Press, 2002), p. 31.
9 John Gay, *Trivia: Or, the Art of Walking the Streets of London* (London: Bernard Lintott, [1716]), p. 1.
10 John Bancks, 'A Description of London', in *Miscellaneous Works in Verse and Prose of Mr. John Bancks* (London: James Hodges, 1739), p. 337.
11 Gay, *Trivia*, p. 40.
12 Dennis Wheeler, 'Eighteenth Century History and the European Environment', in *A Companion to Eighteenth-Century Europe*, edited by Peter H. Wilson (Malden: Blackwell, 2008), pp. 14–15.
13 C. C. Knowles and P. H. Pitt, *The History of Building Regulation in London 1189–1972* (London: Architectural Press, 1972), p. 19; Peter Earle, *The Making of the English Middle Class: Business, Society and Family Life in London, 1660–1730* (London: Methuen, 1989), p. 207.
14 Jenny Gibbs, *Curtains & Drapes: History, Design, Inspiration* (London: Cassell, 1996), pp. 38–65.
15 Peter Guillery, *The Small House in Eighteenth-Century London: A Social and Architectural History* (New Haven: Yale University Press, 2004), p. 282.
16 Leonore Davidoff and Catherine Hall, *Family Fortunes: Men and Women of the English Middle Class 1780–1850* (rev. edn, London: Routledge, 2002), p. 377.
17 Tim Meldrum, 'Domestic Service, Privacy and the Eighteenth-Century Metropolitan Household', *Urban History*, 26, 1 (1999), p. 30; Alain Collomp, 'Families: Habitations and Cohabitations', in Chartier, *A History of Private Life. III: Passions of the Renaissance*, p. 507; Orest Ranum, 'The Refuges of Intimacy', in Chartier, *A History of Private Life. III: Passions of the Renaissance*, p. 225; Judith Flanders, *The Making of Home* (London: Atlantic Books, 2014), pp. 72–3.
18 For the even slower improvement in the housing of the poor in contemporary Paris, see Raffaella Sarti, *Europe at Home: Family and Material Culture 1500–1800* (New Haven: Yale University Press, 2002), p. 98.
19 N. W. Alcock, *People at Home: Living in a Warwickshire Village, 1500–1800* (Chichester: Phillimore, 1993), p. 203.
20 Guillery, *The Small House in Eighteenth-Century London*, p. 66.
21 Michael Paterson, *Private Life in Britain's Stately Homes* (London: Robinson, 2012), p. 60.

22　Bill Bryson, *At Home: A Short History of Private Life* (London: Doubleday, 2010), pp. 169–75.
23　Emily Cockayne, *Cheek by Jowl: A History of Neighbours* (London: Bodley Head, 2012), p. 33.
24　Emily Cockayne, *Hubbub: Filth, Noise and Stench in England 1600–1770* (New Haven: Yale University Press, 2007), pp. 107–12.
25　John Dunton, *The Night-Walker: Or, Evening Rambles in Search after Lewd Women* (London: James Orme, 1696), September, p. 4.
26　Gay, *Trivia*, p. 26.
27　Miles Ogborn, *Spaces of Modernity: London's Geographies, 1680–1780* (New York: Guilford Press, 1998), p. 76.
28　Ogborn, *Spaces of Modernity*, pp. 116–57.
29　Oliver Goldsmith, 'The Shabby Beau, The Man in Black, The Chinese Philosopher, &c., at Vauxhall', in *The Miscellaneous Works of Oliver Goldsmith, M. B.*, 6 vols. (London: John Murray, 1837), vol. II, pp. 286–7.
30　Gay, *Trivia*, p. 1.
31　Penelope J. Corfield, 'Walking the City Streets: The Urban Odyssey in Eighteenth-Century England', *Journal of Urban History*, 16, 2 (1990), p. 154.
32　*Spectator*, 131 (31 July 1711), reprinted in *The Spectator*, (12th edn, London: J. and R. Tonson, 1839), vol. II, pp. 184–5.
33　Ward, *The London Spy*, p. 16.
34　White, *London in the Eighteenth Century*, p. 118.
35　Cockayne, *Cheek by Jowl*, p. 33.
36　Amanda Vickery, *Behind Closed Doors: At Home in Georgian England* (New Haven: Yale University Press, 2009), p. 30. The 1604 ruling was in Sir Edward Coke's report of *Semayne's Case*. Walter F. Pratt, *Privacy in Britain* (Lewisburg: Bucknell University Press, 1979), p. 55.
37　Richard Burn, *The Justice of the Peace, and Parish Officer*, 2 vols. (London: A. Millar, 1755), vol. 2, pp. 104–6, 150–4.
38　Joseph Bramah, *A Dissertation on the Construction of Locks* (London: for the Author, 1787), p. 5.
39　William Blackstone, *Commentaries on the Laws of England*, 4 vols. (Oxford: Clarendon Press, 1765–9), vol. 2, p. 4.
40　Cited in Jeffrey Rosen, *The Unwanted Gaze: The Destruction of Privacy in America* (New York: Vintage, 2001), p. 28.
41　George Wilson, *Reports of Cases Argued and Adjudged in the King's Courts at Westminster* (2nd edn, London: P. Uriel and E. Brook, 1784), part 3, p. 62.
42　*Cherrington* v. *Abney*, 1709, cited in David J. Seipp, 'English Judicial Recognition of a Right to Privacy', *Oxford Journal of Legal Studies*, 3, 3 (Winter 1983), p. 336. Also, Cockayne, *Cheek by Jowl*, p. 34.
43　Earle, *The Making of the English Middle Class*, pp. 171–2.
44　David Garrioch, *Neighbourhood and Community in Paris, 1740–1790* (Cambridge: Cambridge University Press, 1986), p. 16.

45 Robert B. Shoemaker, 'The Decline of Public Insult in London 1660–1800', *Past & Present*, 169 (2000), pp. 99–103.
46 Arlette Farge, 'The Honor and Secrecy of Families', in Chartier, *A History of Private Life. III: Passions of the Renaissance*, p. 583.
47 Keith Thomas, *Religion and the Decline of Magic* (Harmondsworth: Penguin, 1973), pp. 631–2.
48 Susan Dwyer Amussen, *An Ordered Society: Gender and Class in Early Modern England* (Oxford: Blackwell, 1988), pp. 177–80; Martin Ingram, *Church Courts, Sex and Marriage in England, 1570–1640* (Cambridge: Cambridge University Press, 1987), pp. 369–74; Earle, *A City Full of People*, p. 177.
49 Marjorie Keniston McIntosh, *Controlling Misbehaviour in England, 1370–1600* (Cambridge: Cambridge University Press, 1998), p. 54.
50 Richard Gough, *The History of Myddle*, edited and introduced by David Hey (Harmondsworth: Penguin, 1981), p. 242.
51 Gough, *The History of Myddle*, p. 114.
52 Gough, *The History of Myddle*, p. 216.
53 Lawrence Stone, *The Family, Sex and Marriage in England 1500–1800* (Harmondsworth: Penguin, 1979), p. 22. For a proper stress on the social breadth of love as at least one element of marital relations, see Keith Wrightson, *English Society 1580–1680* (London: Hutchinson, 1982), pp. 74–92.
54 Linda A. Pollock, 'Living on the Stage of the World: The Concept of Privacy among the Elite of Early Modern England', in *Rethinking Social History: English Society 1570–1920 and its Interpretation*, edited by Adrian Wilson (Manchester: Manchester University Press, 1993), p. 88.
55 Gough, *The History of Myddle*, p. 140.
56 Gough, *The History of Myddle*, p. 104.
57 J. A. Sharpe, ' "Such Disagreements Betwyx Neighbours": Litigation and Human Relations in Early Modern England', in *Disputes and Settlements: Law and Human Relations in the West*, edited by John Bossy (Cambridge: Cambridge University Press, 1983), pp. 168–9.
58 Cited in Sharpe, ' "Such Disagreements Betwyx Neighbours" ', p. 169.
59 William Matthews (ed.), *The Diary of Dudley Ryder 1715–1716* (London: Methuen, 1939), p. 135.
60 Matthews, *The Diary of Dudley Ryder*, pp. 67, 72.
61 Ralph Houlbrooke (ed.), *English Family Life, 1576–1716: An Anthology from Diaries* (Oxford: Blackwell, 1988), p. 47.
62 William L. Sachse (ed.), *The Diary of Roger Lowe of Ashton-in-Makerfield, Lancashire 1663–74* (London: Longmans, Green, 1938), p. 20.
63 Linda A. Pollock, 'Parent–Child Relations', in *The History of the European Family. 1: Family Life in Early Modern Times 1500–1750*, edited by David I. Kertzer and Marzio Barbagli (New Haven: Yale University Press, 2001), p. 207. For a still higher estimate for the eighteenth century of two thirds, including apprentices, see Kristina Straub,

Domestic Affairs: Intimacy, Eroticism, and Violence between Servants and Masters in Eighteenth-Century Britain (Baltimore: Johns Hopkins University Press, 2009), p. 4.
64 Paterson, *Private Life in Britain's Stately Homes*, p. 172.
65 Earle, *The Making of the English Middle Class*, pp. 225–8.
66 Laura Gowing, *Domestic Dangers: Women, Words, and Sex in Early Modern London* (Oxford: Clarendon Press, 1996), p. 191.
67 D. A. Kent, 'Ubiquitous but Invisible: Female Domestic Servants in Mid-Eighteenth Century London', *History Workshop*, 28 (1989), pp. 120–1.
68 John MacDonald, *Memoirs of an Eighteenth-Century Footman* (London: George Routledge, 1927), p. 64.
69 MacDonald, *Memoirs*, p. 183. MacDonald's relations with a long sequence of employers are explored in Straub, *Domestic Affairs*, pp. 179–88.
70 David Cressy, 'Levels of Illiteracy in England 1530–1730', *Historical Journal*, 20, 1 (1977), pp. 1–23; Helen Jewell, *Education in Early Modern England* (Houndmills: Macmillan, 1998), pp. 146–54.
71 Roy McKeen Wiles, 'The Relish for Reading in Provincial England Two Centuries Ago', in *The Widening Circle: Essays on the Circulation of Literature in Eighteenth-Century Europe*, edited by Paul J. Korshin (Philadelphia: University of Pennsylvania Press, 1976), pp. 103–5.
72 Margaret Spufford, *Small Books and Pleasant Histories* (London: Methuen, 1981), pp. 91–101.
73 Naomi Tadmor, ' "In the Even My Wife Read to Me": Women, Reading and Household Life in the Eighteenth Century', in *The Practice and Representation of Reading in England*, edited by James Raven, Helen Small and Naomi Tadmor (Cambridge: Cambridge University Press, 1996), pp. 162–74.
74 David Vincent, *Literacy and Popular Culture: England 1750–1914* (Cambridge: Cambridge University Press, 1989), p. 79.
75 John Brewer, 'This, That and the Other: Public, Social and Private in the Seventeenth and Eighteenth Centuries', in *Shifting the Boundaries: Transformation of the Languages of Public and Private in the Eighteenth Century*, edited by Dario Castiglione and Lesley Sharpe (Exeter: University of Exeter Press, 1995), p. 15.
76 Thomas Brooks, *The Privie Key of Heaven; or Twenty Arguments for Closet-Prayer* (London: John Hancock, 1665), p. 2.
77 Chartier, 'The Practical Impact of Writing', p. 119.
78 Diarmaid MacCulloch, *Silence: A Christian History* (London: Allen Lane, 2013), p. 155.
79 François Lebrun, 'The Two Reformations: Communal Devotion and Personal Piety', in Chartier, *A History of Private Life. III: Passions of the Renaissance*, pp. 69–109.
80 Lancelot Andrews, *A Manual of the Private Devotions and Meditations of the Right Reverend Father in God, Lancelot Andrews, Late L. Bishop of Winchester* (London: A. Churchil, 1682).

81　Edward Wettenhall, *Enter into thy Closet: Or, a Method and Order for Private Devotion* (5th edn, London: John Martyn, 1676), p. 7.
82　Wettenhall, *Enter into thy Closet*, p. 36.
83　Richard Rambuss, *Closet Devotions* (Durham, NC: Duke University Press, 1998), p. 105.
84　Brooks, *The Privie Key of Heaven*, p. 3.
85　Peter Burke, 'Notes for a Social History of Silence in Early Modern Europe', in Peter Burke, *The Art of Conversation* (Cambridge: Polity, 1993), pp. 140–1.
86　Brooks, *The Privie Key of Heaven*, p. 109.
87　Michael Mascuch, *Origins of the Individualist Self: Autobiography and Self-Identity in England, 1591–1791* (Cambridge: Polity, 1997), pp. 120–1; MacCulloch, *Silence*, pp. 138–9.
88　1st edn, London: Henry Brome, 1672.
89　Leonore Davidoff, Megan Doolittle, Janet Fink and Katherine Holden, *The Family Story: Blood, Contract and Intimacy 1830–1960* (London: Longman, 1999), pp. 58–9.
90　Wettenhall, *Enter into thy Closet*, p. 2. See also William Coe, *The Diary of William Coe 1693–1729*, in *Two East Anglian Diaries 1641–1729*, edited by Matthew Storey (Woodbridge: Boydell Press, 1994), pp. 204–44.
91　Paul Delany, *British Autobiography in the Seventeenth Century* (London: Routledge and Kegan Paul, 1969), pp. 6–104.
92　David Vincent, *Bread, Knowledge and Freedom: A Study of Nineteenth-Century Working Class Autobiography* (London: Europa, 1981), pp. 14–19; Linda H. Peterson, *Victorian Autobiography: The Tradition of Self-Interpretation* (New Haven: Yale University Press, 1986), pp. 2–28, 15–19; Mascuch, *Origins of the Individualist Self*, pp. 55–96.
93　Thomas Tryon, *Some Memories of the Life of Mr. Tho: Tryon* (London: T. Sowle, 1705), p. 51.
94　Brant and Whyman, *Walking the Streets of Eighteenth-Century London*, pp. 37–8.
95　James Lackington, *Memoirs of the First Forty-Five Years of the Life of James Lackington ... Written by Himself: In a Series of Letters to a Friend* (London: for the Author, 1791).
96　Lackington, *Memoirs*, p. xiii.
97　Lackington, *Memoirs*, p. xvii.
98　Lackington, *Memoirs*, p. 4.
99　Lackington, *Memoirs*, pp. 1–2.
100　Cited in Duncan Campbell-Smith, *Masters of the Post: The Authorized History of the Royal Mail* (London: Allen Lane, 2011), p. 37.
101　James Daybell, *The Material Letter in Early Modern England: Manuscript Letters and the Culture and Practices of Letter-Writing, 1512–1625* (London: Palgrave Macmillan, 2012), p. 20; Pat Hudson, 'Correspondence and Commitment: British Traders' Letters in the Long Eighteenth Century', *Cultural and Social History*, 11, 4 (December 2014),

pp. 528–30; Brant and Whyman, *Walking the Streets of Eighteenth-Century London*, p. 44.
102 Lynn Hollen Lees, *The Solidarities of Strangers: The English Poor Laws and the People, 1700–1948* (Cambridge: Cambridge University Press, 1998), p. 167; Thomas Sokoll (ed.), *Essex Pauper Letters 1732–1837* (Oxford: Oxford University Press, 2001).
103 Susan Whyman, *The Pen and the People: English Letter-Writers 1660–1800* (Oxford: Oxford University Press, 2009).
104 Brant and Whyman, *Walking the Streets of Eighteenth-Century London*, p. 46.
105 Sachse, *The Diary of Roger Lowe*, p. 119.
106 Pollock, 'Living on the Stage of the World', p. 85; Gary Schneider, *The Culture of Epistolarity: Vernacular Letters and Letter Writing in Early Modern England, 1500–1700* (Newark: University of Delaware Press, 2005), p. 68.
107 Matthews, *The Diary of Dudley Ryder*, pp. 48–9.
108 Bruce Redford, *The Converse of the Pen: Acts of Intimacy in the Eighteenth-Century Familiar Letter* (Chicago: University of Chicago Press, 1986), p. 2.
109 Joan Wilkinson (ed.), *The Letters of Thomas Langton, Flax Merchant of Kirkham 1771–1788*. Chetham Society Publications, t.s. 38 (Manchester: Chetham Society, 1993), p. 131. Letter dated 15 October 1772.
110 Houlbrooke, *English Family Life, 1576–1716*, pp. 38–9.
111 Jürgen Habermas, *The Structural Transformation of the Public Sphere*, translated by Thomas Burger and Frederick Lawrence (Cambridge: Polity, 1992), pp. 57–66; Peter Lake and Steve Pincus, 'Rethinking the Public Sphere in Early Modern England', *Journal of British Studies*, 45, 2 (2006), p. 286.
112 Whyman, *The Pen and the People*, pp. 7, 217.
113 Vickery, *Behind Closed Doors*, p. 27.
114 Diane E. Boyd and Marta Kvande, 'Reading Women, Reading Public and Private', in *Everyday Revolutions: Eighteenth-Century Women Transforming Public and Private*, edited by Diane E. Boyd and Marta Kvande (Newark: University of Delaware Press, 2008), pp. 17–29.
115 Lawrence E. Klein, 'Gender and the Public/Private Distinction in the Eighteenth Century: Some Questions about Evidence and Analytic Procedure', *Eighteenth Century Studies*, 29, 1 (1996), pp. 100–4.
116 Brian Cowan, *The Social Life of Coffee: The Emergence of the British Coffeehouse* (New Haven: Yale University Press, 2005), p. 251.
117 Brewer, 'This, That and the Other', pp. 18–19.
118 PP 1844 (582) *Report from the Secret Committee on the Post Office*, p. 7.
119 On the 1710 Act see Seipp, 'English Judicial Recognition of a Right to Privacy', p. 338. Also, Frederick S. Lane, *American Privacy: The 400-Year History of Our Most Contested Right* (Boston: Beacon Press,

2009), pp. 18–20; David Flaherty, *Privacy in Colonial New England* (Charlottesville: University Press of Virginia, 1972), p. 120.
120 Alan Marshall, *Intelligence and Espionage in the Reign of Charles II, 1660–1685* (Cambridge: Cambridge University Press, 1994), pp. 78–95.
121 John Barrell, *The Spirit of Despotism: Invasions of Privacy in the 1790s* (Oxford: Oxford University Press, 2006), pp. 4–9 and passim.

第3章 隐私与大繁荣（1800—1900）

1 George Orwell, *1984* (1949; Harmondsworth: Penguin, 1954), especially pp. 6, 168; Michel Foucault, *Discipline and Punish: The Birth of the Prison* (1975; London: Penguin, 1991), pp. 195–209.
2 Michael Froomkin, 'The Death of Privacy?', *Stanford Law Review*, 52, 5 (May 2000), p. 1463. Also, Daniel J. Solove, 'Privacy and Power: Computer Databases and Metaphors for Information Privacy', *Stanford Law Review*, 53, 6 (July 2001), p. 1397; John Naughton, *From Gutenberg to Zuckerberg: What You Really Need to Know about the Internet* (London: Quercus, 2012), p. 259; Manuel Castells, *The Internet Galaxy: Reflections of the Internet, Business and Society* (Oxford: Oxford University Press, 2001), p. 180.
3 Glenn Greenwald, *No Place to Hide: Edward Snowden, the NSA and the Surveillance State* (London: Hamish Hamilton, 2014), p. 175; Luke Harding, *The Snowden Files* (London: Guardian Books and Faber & Faber, 2014), p. 12.
4 Jeremy Bentham, *Panopticon; Or the Inspection-House* (1787), reprinted in *The Panopticon Writings*, edited by Miran Božovič (London: Verso, 1995), p. 34.
5 Miran Božovič, 'Introduction: "An Utterly Dark Spot"', in Božovič, *The Panopticon Writings*, pp. 11–17; Robin Evans, *The Fabrication of Virtue: English Prison Architecture, 1750–1840* (Cambridge: Cambridge University Press, 1982), pp. 206–7.
6 Jeremy Bentham, 'Outline of the Plan of Construction of a Panopticon Penitentiary House: As Designed by Jeremy Bentham, of Lincoln's Inn, Esq.', in *The Works of Jeremy Bentham*, edited by John Bowring, vol. XI (Edinburgh: William Tait, 1843), Appendix, p. 96. The line is from the 139th Psalm.
7 Bentham, *Panopticon*, p. 45.
8 Michelle Perrot (ed.), *A History of Private Life. IV: From the Fires of Revolution to the Great War* (Cambridge, MA: Belknap Press, 1990), p. 2. Also, Edward Shils, 'Privacy in Modern Industrial Society', in *Censuses, Surveys and Privacy*, edited by Martin Bulmer (London: Macmillan, 1979), p. 29.
9 Leonore Davidoff, Megan Doolittle, Janet Fink and Katherine Holden, *The Family Story: Blood, Contract and Intimacy 1830–1960* (London: Longman, 1999), pp. 60–1.

注 释   165

10 John R. Gillis, *A World of Their Own Making: Myth, Ritual and the Quest for Family Values* (Cambridge, MA: Harvard University Press, 1996), pp. 30, 112.
11 James Baldwin Brown, *The Home Life: In the Light of its Divine Idea* (London: Smith, Elder, 1866), p. 8.
12 Janet Semple, *Bentham's Prison: A Study of the Panopticon Penitentiary* (Oxford: Clarendon Press, 1993), pp. 117–18.
13 PP 1810–11 (199) III, *Report from the Committee on the Laws Relating to Penitentiary Houses*, p. 15.
14 James Vernon, *Distant Strangers: How Britain Became Modern* (Berkeley: University of California Press, 2014).
15 First published in a single volume by Sherwood, Neely, and Jones, London, 1821.
16 Gregory Dart, ' "Flash Style": Pierce Egan and Literary London 1820–28', *History Workshop Journal*, 51 (Spring 2001), p. 185; David Vincent, *I Hope I Don't Intrude: Privacy and its Dilemmas in Nineteenth-Century Britain* (Oxford: Oxford University Press, 2015), pp. 90–1.
17 Charles Hindley, *The True History of Tom and Jerry* (London: Reeves and Turner, 1888), p. ii.
18 Jane Rendell, *The Pursuit of Pleasure: Gender, Space and Architecture in Regency London* (London: Athlone Press, 2002).
19 'Bernard Blackmantle' [Charles Westmacott], *The English Spy: An Original Work, Characteristic, Satirical, and Humorous. Comprising Scenes and Sketches in Every Rank of Society, being Portraits of the Illustrious, Eminent, Eccentric, and Notorious, Drawn from the Life... The Illustrations Designed by Robert Cruikshank*, 2 vols. (London: Sherwood, Jones, 1825, 1826), vol. 1, p. 3.
20 Ben Wilson, *Decency and Disorder: The Age of Cant 1789–1837* (London: Faber & Faber, 2007), p. 285.
21 Pierce Egan, *Life in London; Or, the Day and Night Scenes of Jerry Hawthorne, Esq. and his Elegant Friend Corinthian Tom, Accompanied by Bob Logic, the Oxonian, in their Rambles and Sprees through the Metropolis* (London: Sherwood, Neely, and Jones, 1821; Cambridge: Cambridge University Press, 2011), pp. 18–19. A 'Cyprian' was slang for a prostitute.
22 Richard Maxwell, 'Dickens's Omniscience', *ELH*, 46, 2 (Summer 1979), pp. 290–313.
23 Richard Altick, *The Shows of London* (Cambridge, MA: Belknap Press, 1978), pp. 141–50.
24 'Blackmantle', *The English Spy*, vol. 2, p. 260.
25 Max Schlesinger, *Saunterings in and about London* (London: Nathaniel Cooke, 1853), pp. 4–5.
26 Christopher Otter, 'Cleansing and Clarifying: Technology and Perception in Nineteenth-Century London', *Journal of British Studies*, 43, 1 (January 2004), pp. 40–64, 157–60.
27 M. J. Daunton, 'Public Place and Private Space: The Victorian City and the Working-Class Household', in *The Pursuit of Urban*

History, edited by Derek Fraser and Anthony Sutcliffe (London: Edward Arnold, 1983), p. 218.
28 M. J. D. Roberts, 'Public and Private in Early Nineteenth-Century London: The Vagrant Act of 1822 and its Enforcement', *Social History*, 13 (October 1988), pp. 273–94.
29 Patrick Joyce, *The Rule of Freedom* (London: Verso, 2003), p. 88.
30 Jo Guldi, *Roads to Power: Britain Invents the Infrastructure State* (Cambridge, MA: Harvard University Press, 2012), p. 20.
31 Vernon, *Distant Strangers*, pp. 30–6.
32 Anne D. Wallace, *Walking, Literature and English Culture: The Origins and Uses of Peripatetic in the Nineteenth Century* (Oxford: Clarendon Press, 1993), p. 166.
33 Morris Marples, *Shanks's Pony: A Study of Walking* (London: J. M. Dent, 1959), pp. 131–46; Rebecca Solnit, *Wanderlust: A History of Walking* (London: Verso, 2001), p. 120.
34 William Hazlitt, 'On Going a Journey', in *The Complete Works of William Hazlitt*, vol. 8, edited by P. P. Howe (London: J. M. Dent, 1931), p. 181.
35 Hazlitt, 'On Going a Journey', p. 185.
36 Marples, *Shanks's Pony*, pp. 144, 181–3.
37 John Lowerson, 'Brothers of the Angle: Coarse Fishing and English Working-Class Culture, 1850–1914', in *Pleasure, Profit, Proselytism: British Culture and Sport at Home and Abroad 1700–1914*, edited by J. A. Mangan (London: Frank Cass, 1988), pp. 105–27.
38 George Rowell, *The Victorian Theatre 1792–1914: A Survey* (2nd edn, Cambridge: Cambridge University Press, 1978), pp. 3–4; Michael R. Booth, *Theatre in the Victorian Age* (Cambridge: Cambridge University Press, 1992), p. 64.
39 'Blackmantle', *The English Spy*, vol. 1, p. 225.
40 Michael R. Booth, 'East End and West End: Class and Audience in Victorian London', *Theatre Research International*, n.s. 2 (1977), p. 103.
41 Vincent, *I Hope I Don't Intrude*, pp. 3–15.
42 Michael R. Booth, 'Early Victorian Farce: Dionysus Domesticated', in *Essays on Nineteenth Century British Theatre*, edited by Kenneth Richards and Peter Thomson (London: Methuen, 1971), p. 96.
43 Jacky Bratton, *New Readings in Theatre History* (Cambridge: Cambridge University Press, 2003), p. 169.
44 Altick, *The Shows of London*, pp. 319–22; Jerry White, *London in the Nineteenth Century: 'A Human Awful Wonder of God'* (London: Jonathan Cape, 2007), pp. 265–6.
45 Mark Girouard, *Life in the English Country House* (Harmondsworth: Penguin, 1980), p. 236.
46 Leonore Davidoff and Catherine Hall, *Family Fortunes: Men and Women of the English Middle Class 1780–1850* (rev. edn, London: Routledge, 2002), pp. 375, 383; Donald J. Olsen, 'Victorian

London: Specialization, Segregation, and Privacy', *Victorian Studies*, 17, 3 (March 1974), p. 272.
47 Bill Bryson, *At Home: A Short History of Private Life* (London: Doubleday, 2010), p. 148.
48 Girouard, *Life in the English Country House*, p. 219.
49 Victoria Posner, *Modernism and the Architecture of Private Life* (New York: Columbia University Press, 2005), p. 63.
50 Robert Kerr, *The Gentleman's House; Or How to Plan English Residences* (London: John Murray, 1864), p. 73.
51 Kerr, *The Gentleman's House*, pp. 74–5.
52 J. J. Stevenson, *House Architecture*, 2 vols. (London: Macmillan, 1880), vol. 2, p. 80.
53 John Burnett, *A Social History of Housing* (London: Methuen,1980), p. 102; Davidoff and Hall, *Family Fortunes*, pp. 360–1.
54 [Samuel Beeton], *The Book of Garden Management* (London: Ward Lock, 1871), pp. 83–4.
55 Stephen Constantine, 'Amateur Gardening and Popular Recreation in the 19th and 20th Centuries', *Journal of Social History*, 14, 3 (Spring 1981), pp. 388–90.
56 Deborah Cohen, *Household Gods: The British and their Possessions* (New Haven: Yale University Press, 2006), p. 34.
57 Edwin Heathcote, *The Meaning of Home* (London: Francis Lincoln, 2012), p. 151.
58 Posner, *Modernism*, pp. 95–6.
59 Michael Anderson, 'The Social Implications of Demographic Change', in *The Cambridge Social History of Britain 1750–1950. 2: People and their Environment*, edited by F. M. L. Thompson (Cambridge: Cambridge University Press, 1990), pp. 56–65.
60 [Thomas Wright], *Some Habits and Customs of the Working Classes: By a Journeyman Engineer* (London: Tinsley Brothers, 1867), p. 273.
61 Gervase Wheeler, *The Choice of a Dwelling: A Practical Handbook of Useful Information on all Points Connected with Hiring, Buying, or Building a House, with its Stables and Garden-Outbuildings* (London: John Murray, 1871), p. 127.
62 On the constant mobility of the London population see White, *London in the Nineteenth Century*, pp. 115–21.
63 Kerr, *The Gentleman's House*, p. 75.
64 Anderson, 'The Social Implications of Demographic Change', p. 58.
65 Martin Daunton, *House and Home in the Victorian City: Working-Class Housing 1850–1914* (London: Edward Arnold, 1983), pp. 280–1; Burnett, *Social History of Housing*, p. 168.
66 Flora Thompson, *Lark Rise to Candleford* (Harmondsworth: Penguin, 1973), p. 156.
67 Thompson, *Lark Rise to Candleford*, p. 21.
68 Frank Prochaska, *Women and Philanthropy in Nineteenth-Century England* (Oxford: Clarendon Press, 1980), pp. 97–137; Jane Lewis, *Women and Social Action in Victorian and Edwardian England*

(Aldershot: Elgar, 1991), pp. 32–46; Robert Whelan, *Helping the Poor: Friendly Visiting, Dole Charities and Dole Queues* (London: Institute for the Study of Civil Society, 2001), pp. 4–20; Margaret E. Brasnett, *Voluntary Social Action* (London: National Council of Social Service, 1969), pp. 4–15.
69 Vincent, *I Hope I Don't Intrude*, pp. 182–5.
70 John Tosh, 'From Keighley to St-Denis: Separation and Intimacy in Victorian Bourgeois Marriage', *History Workshop Journal*, 40 (Autumn 1995), pp. 193–206.
71 Susan Whyman, *The Pen and the People: English Letter-Writers 1660–1800* (Oxford: Oxford University Press, 2009), pp. 3–17 and *passim*.
72 Martin Daunton, *Royal Mail* (London: Athlone Press, 1985), p. 6.
73 Bernhard Siegert, *Relays: Literature as an Epoch of the Postal System* (Stanford: Stanford University Press, 1999), p. 100.
74 PP 1837–38 (658) II, I, *Second Report from the Select Committee on Postage*, Q. 10363.
75 Catherine J. Golden, *Posting It: The Victorian Revolution in Letter Writing* (Gainesville: University Press of Florida, 2009), p. 58.
76 David Vincent, *Literacy and Popular Culture: England 1750–1914* (Cambridge: Cambridge University Press, 1989), pp. 34–8.
77 On the early returns see Duncan Campbell-Smith, *Masters of the Post: The Authorized History of the Royal Mail* (London: Allen Lane, 2011), p. 140; Howard Robinson, *Britain's Post Office* (London: Oxford University Press, 1953), p. 155; Vincent, *Literacy and Popular Culture*, pp. 38–49. On nineteenth-century growth, see *Forty-Seventh Annual Report of the Postmaster General on the Post Office* (London: HMSO, 1901), Appendix A.
78 Frank Staff, *The Picture Postcard and its Origins* (London: Lutterworth Press, 1966), pp. 7–91; N. Alliston, 'Pictorial Post Cards', *Chambers' Journal* (October 1889), pp. 745–8.
79 W. H. Cremer, *St. Valentine's Day and Valentines* (London: W. H. Cremer, 1871), pp. 10–13; Frank Staff, *The Valentine and its Origins* (London: Lutterworth Press, 1969), pp. 25–38.
80 *Household Words*, 1, 1 (30 March 1850), p. 9.
81 Vincent, *I Hope I Don't Intrude*, pp. 196–8.
82 James W. Carey, 'Time, Space, and the Telegraph', in *Communication in History: Technology, Culture, Society*, edited by David Crowley and Paul Heyer (6th edn, Boston: Pearson, 2011), pp. 126–7; James Gleick, *The Information: A History, a Theory, a Flood* (London: Fourth Estate, 2011), p. 147.
83 George Sauer, *The Telegraph in Europe* (Paris: privately published, 1869), p. 145.
84 Jeffrey Kieve, *The Electric Telegraph: A Social and Economic History* (Newton Abbot: David & Charles, 1973), pp. 104–15.
85 *Pace* Tom Standage, *The Victorian Internet: The Remarkable Story of the Telegraph and the Nineteenth Century's Online Pioneers* (New York: Walker, 1998).

86 Richard R. John, *Network Nation* (Cambridge, MA: Harvard University Press, 2010), pp. 6–7.
87 R. Bond, *The Handbook of the Telegraph* (London: Virtue Brothers, 1862), p. 7.
88 David Kahn, *The Codebreakers: The Story of Secret Writing* (New York: Scribner, 1996), p. 189.
89 PP 1898 (383), *Report from the Select Committee on Telephones; Together with the Proceedings of the Committee, Minutes of Evidence, and Appendix*, p. iii.
90 On eavesdropping and party lines in the United States see S. H. Aronson, 'Bell's Electrical Toy: What's the Use? The Sociology of Early Telephone Usage', in *The Social Impact of the Telephone*, edited by Ithiel De Sola Pool (Cambridge, MA: MIT Press, 1977), p. 33; Claude S. Fischer, *America Calling: A Social History of the Telephone to 1940* (Berkeley: University of California Press, 1992), pp. 96, 241; John Brooks, *Telephone: The First Hundred Years* (New York: Harper & Row, 1976), pp. 116–17.
91 C. R. Perry, 'The British Experience 1876–1912: The Impact of the Telephone during the Years of Delay', in De Sola Pool, *The Social Impact of the Telephone*, p. 82.
92 Martyn Lyons, 'Love Letters and Writing Practices: On *Écritures Intimes* in the Nineteenth Century', *Journal of Family History*, 24, 2 (April 1999), p. 234.
93 *Etiquette for Ladies: A Complete Guide to Visiting, Entertaining, and Travelling; with Hints on Courtship, Marriage and Dress* (London: Ward, Lock, and Tyler, 1876), p. 80.
94 Lauren Berlant, 'Intimacy: A Special Issue', in *Intimacy*, edited by Lauren Berlant (Chicago: University of Chicago Press, 2000), p. 6.
95 Patrick Joyce, *The State of Freedom* (Cambridge: Cambridge University Press, 2013), pp. 100–43.
96 William Merrill Decker, *Epistolary Practices: Letter Writing in America before Telecommunications* (Chapel Hill: University of North Carolina Press, 1998), p. 49.
97 Vincent, *I Hope I Don't Intrude*, p. 39.
98 John Poole, *Paul Pry, A Comedy, in Three Acts* (New York: E. M. Murden, 1827), p. 68.
99 Barbara M. Benedict, *Curiosity: A Cultural History of Early Modern Inquiry* (Chicago: University of Chicago Press, 2001), p. 245.
100 Joyce, *The Rule of Freedom*, p. 4.
101 Richard Menke, *Telegraphic Realism: Victorian Fiction and Other Information Systems* (Stanford: Stanford University Press, 2008), pp. 13–20.
102 *Paul Pry: The Inquisitive, Satirical and Whimsical Epitome of Life as It Is*, 1, 3 (4 March 1826), p. 33.
103 Haia Shpayer-Makov, *The Ascent of the Detective: Police Sleuths in Victorian and Edwardian England* (Oxford: Oxford University Press, 2011), pp. 156–74, 187–200.

104 Melanie Tebbutt, 'Women's Talk? Gossip and "Women's Words" in Working-Class Communities, 1880–1939', in *Workers' Worlds: Cultures and Communities in Manchester and Salford 1880–1939*, edited by Andrew Davies and Steven Fielding (Manchester: Manchester University Press, 1992); Patricia Meyer Spacks, *Gossip* (Chicago: University of Chicago Press, 1985), p. 4.
105 Jörg R. Bergmann, *Discreet Indiscretions: The Social Organization of Gossip* (New York: Aldine de Gruyter, 1993), p. 146.
106 Ferdinand D. Schoeman, *Privacy and Social Freedom* (Cambridge: Cambridge University Press, 1992), p. 149.
107 Donald J. Gray, 'Early Victorian Scandalous Journalism: Renton Nicholson's *The Town* (1837–1842)', in *The Victorian Periodical Press: Samplings and Soundings*, edited by Joanne Shattock and Michael Wolff (Leicester: Leicester University Press, 1982), p. 328. For a parallel American market, see Lawrence M. Friedman, *Guarding Life's Dark Secrets: Legal and Social Controls over Reputation, Propriety, and Privacy* (Stanford: Stanford University Press, 2007), p. 93.
108 *Paul Pry: The Inquisitive, Satirical and Whimsical Epitome of Life as It Is*, 39 (11 October 1856), p. 4.
109 *Paul Pry: The Inquisitive, Satirical and Whimsical Epitome of Life as It Is*, 39 (11 October 1856), p. 6.
110 Cited in Angus McLaren, *Sexual Blackmail: A Modern History* (Cambridge, MA: Harvard University Press, 2002), p. 36. See also Peter Alldridge, ' "Attempted Murder of the Soul": Blackmail, Privacy and Secrets', *Oxford Journal of Legal Studies*, 13, 3 (Autumn 1993), p. 372.
111 Deborah Cohen, *Family Secrets: Living with Shame from the Victorians to the Present Day* (London: Viking, 2013), p. xiv.
112 Cited in David J. Seipp, 'English Judicial Recognition of a Right to Privacy', *Oxford Journal of Legal Studies*, 3, 3 (Winter 1983), p. 344. Also, Raymond Wacks, *Privacy: A Very Short Introduction* (Oxford: Oxford University Press, 2010), p. 51.
113 Cohen, *Family Secrets*, pp. 38–73.
114 M. J. Cullen, *The Statistical Movement in Early Victorian Britain: The Foundations of Empirical Social Research* (Hassocks: Harvester Press, 1975), p. 137.
115 Oz Frankel, *States of Inquiry: Social Investigations and Print Culture in Nineteenth-Century Britain and the United States* (Baltimore: Johns Hopkins University Press, 2006), p. 1.
116 Theodore M. Porter, *The Rise of Statistical Thinking 1820–1900* (Princeton: Princeton University Press, 1986), pp. 5–11; Daniel R. Headrick, *When Information Came of Age: Technologies of Knowledge in the Age of Reason and Revolution 1700–1850* (Oxford: Oxford University Press, 2000), p. 86.
117 David Vincent, 'The Invention of Counting: The Statistical Measurement of Literacy in Nineteenth-Century England', *Comparative Education*, 50, 3 (August 2014), pp. 266–81.

注 释 171

118 Ian Hacking, *The Taming of Chance* (Cambridge: Cambridge University Press, 1990), p. 2.
119 Mary Poovey, 'Figures of Arithmetic, Figures of Speech: The Discourse of Statistics in the 1830s', *Critical Inquiry*, 19, 2 (Winter 1993), p. 268.
120 Mary Poovey, *A History of the Modern Fact: Problems of Knowledge in the Sciences of Wealth and Society* (Chicago: University of Chicago Press, 1998), pp. 308–18; Lynn Hollen Lees, *The Solidarities of Strangers: The English Poor Laws and the People, 1700–1948* (Cambridge: Cambridge University Press, 1998), pp. 121–3.
121 Cf. Anthony Giddens, *A Contemporary Critique of Historical Materialism. 2: The Nation-State and Violence* (Cambridge: Polity, 1985), p. 46.
122 Edward Higgs, 'The General Register Office and the Tabulation of Data, 1837–1939', in *The History of Mathematical Tables: From Sumer to Spreadsheets*, edited by M. Campbell-Kelly, M. Croarken, R. Flood and E. Robson (Oxford: Oxford University Press, 2003), pp. 209–32.
123 Edward Higgs, *The Information State in England: The Central Collection of Information since 1500* (Basingstoke: Palgrave Macmillan, 2004), pp. 72–4.
124 The Act built on the inspecting work of the National Society for the Prevention of Cruelty to Children (NSPCC), founded in 1884, whose nationwide body of inspectors focused their attention of the households of the poor. Louise Jackson, *Child Sexual Abuse in Victorian England* (London: Routledge, 2000), pp. 51–70.
125 Andrew Barry, Thomas Osborne and Nikolas Rose, 'Introduction', in *Foucault and Political Reason: Liberalism, Neo-Liberalism and Rationalities of Government*, edited by Andrew Barry, Thomas Osborne and Nikolas Rose (London: UCL Press, 1996), p. 8.
126 F. B. Smith, 'British Post Office Espionage, 1844', *Historical Studies*, 14, 54 (1970), pp. 189–203; Robinson, *Britain's Post Office*, pp. 47, 55, 91–2, 1–9; Walter F. Pratt, *Privacy in Britain* (Lewisburg: Bucknell University Press, 1979), pp. 64–6; David Vincent, *The Culture of Secrecy: Britain 1832–1998* (Oxford: Oxford University Press, 1998), pp. 1–9.
127 Torrens McCullagh Torrens, *The Life and Times of the Right Honourable Sir James R. G. Graham, Bart., G.C.B., M.P.*, 2 vols. (London: Saunders, Otley, 1863), vol. 2, p. 348.
128 Torrens, *The Life and Times of the Right Honourable Sir James R. G. Graham*, vol. 2, p. 288.
129 George W. M. Reynolds, *The Mysteries of London*, 2 vols. (London: Geo Vickers, 1845), vol. 1, p. 222.
130 Samuel D. Warren and Louis D. Brandeis, 'The Right to Privacy', *Harvard Law Review*, 4, 5 (1890), p. 196.
131 Warren and Brandeis, 'The Right to Privacy', p. 196.

132 Jeffrey Rosen, *The Unwanted Gaze: The Destruction of Privacy in America* (New York: Vintage, 2001), p. 7.
133 Daniel Solove, 'Conceptualizing Privacy', *California Law Review*, 90, 1 (2002), pp. 1099–102.
134 Warren and Brandeis, 'The Right to Privacy', p. 196.

第4章 隐私与现代性（1900—1970）

1 Alan Johnson, *This Boy* (2013, London: Corgi, 2014).
2 See, for instance, George Edwards, *From Crow-Scaring to Westminster* (London: Labour Party, 1922); Joseph Arch, *From Ploughtail to Parliament: An Autobiography* (1898; London: Cresset Library, 1986).
3 Johnson, *This Boy*, p. 141.
4 Johnson, *This Boy*, pp. 52–3.
5 Adam Kuper, *Incest & Influence: The Private Life of Bourgeois England* (Cambridge, MA: Harvard University Press, 2009), p. 82.
6 Anne Power, *Hovels to High Rise: State Housing in Europe since 1850* (London: Routledge, 1993), p. 376.
7 The Convention was issued for signatures in November 1950 and came into force in 1953. David J. Seipp, 'English Judicial Recognition of a Right to Privacy', *Oxford Journal of Legal Studies*, 3, 3 (Winter 1983), pp. 350–1.
8 Miles Glendinning and Stefan Muthesius, *Tower Block: Modern Public Housing in England, Scotland, Wales and Northern Ireland* (New Haven: Yale University Press, 1994), p. 1; A. H. Halsey, with Josephine Webb (eds.), *Twentieth-Century British Social Trends* (3rd edn, Basingstoke: Macmillan, 2000), p. 477.
9 Joanna Bourke, *Working-Class Cultures in Britain 1890–1960: Gender, Class and Ethnicity* (London: Routledge, 1994), p. 86.
10 John Burnet, *A Social History of Housing* (London: Methuen,1980), p. 278; Halsey, *Twentieth-Century British Social Trends*, p. 476.
11 Virginia Smith, *Clean: A History of Personal Hygiene and Purity* (Oxford: Oxford University Press, 2007), p. 311.
12 Claire Langhamer, 'The Meanings of Home in Postwar Britain', *Journal of Contemporary History*, 40, 2 (April 2005), p. 350.
13 Jerry White, *London in the Twentieth Century: A City and its People* (London: Viking, 2001), pp. 235–6.
14 Denise Lawrence-Zuñiga, 'Material Conditions of Family Life', in *The History of the European Family. 3: Family Life in the Twentieth Century*, edited by David I. Kertzer and Marzio Barbagli (New Haven: Yale University Press, 2003), p. 22.
15 Françoise Barret-Ducrocq, *Love in the Time of Queen Victoria* (Harmondsworth: Penguin, 1992), p. 24.
16 Witold Rybczynski, *Home: A Short History of an Idea* (New York: Viking, 1986), p. 24.
17 Maud Pember Reeves, *Round About a Pound a Week* (1913; London: Virago, 1979), p. 46. Also, Kathleen Dayus, *Her People*

(London: Virago, 1982), p. 3; Alison Light, *Common People: The History of an English Family* (London: Fig Tree, 2014), p. 240.
18 Margery Spring Rice, *Working-Class Wives: Their Health and Conditions* (1939; 2nd edn, London: Virago, 1981), p. 129.
19 Margaret Stacey, *Tradition and Change: A Study of Banbury* (London: Oxford University Press, 1960), p. 92.
20 Stacey, *Tradition and Change*, pp. 93–4.
21 Spring Rice, *Working-Class Wives*, p. 15.
22 Spring Rice, *Working-Class Wives*, p. 16.
23 Edwin Heathcote, *The Meaning of Home* (London: Francis Lincoln, 2012), p. 25.
24 Martha Loane, *From Their Point of View* (London: Edward Arnold, 1908), p. 34.
25 Dayus, *Her People*, p. 38.
26 Mass Observation, *People and Homes* (TS, 1943), p. 370.
27 Alan Johnson, *Please, Mister Postman: A Memoir* (London: Transworld, 2014), p. 59.
28 Mark Abrams, 'The Home-Centred Society', *Listener*, 1600 (26 November 1959), p. 915.
29 Michael Young and Peter Willmott, *Family and Kinship in East London* (Harmondsworth: Penguin, 1962), p. 35.
30 Young and Willmott, *Family and Kinship in East London*, p. 154.
31 Young and Willmott, *Family and Kinship in East London*, pp. 163–4.
32 On the very variable patterns of stability and mobility across 'traditional' working-class London, see White, *London in the Twentieth Century*, pp. 119–24.
33 Madeline Kerr, *The People of Ship Street* (London: Routledge and Kegan Paul, 1958), p. 23.
34 Andrew Seth and Geoffrey Randall, *The Grocers: The Rise and Rise of the Supermarket Chains* (2nd edn, London: Kogan Page, 2001), p. 18; Avram Taylor, *Working Class Credit and Community since 1918* (Basingstoke: Palgrave Macmillan, 2002), p. 73.
35 Charles Vereker and John Barron Mays, *Urban Redevelopment and Social Change* (Liverpool: Liverpool University Press, 1961), p. 74; Jerry White, *The Worst Street in North London: Campbell Bunk, Islington, Between the Wars* (London: Routledge and Kegan Paul, 1986), p. 78. On the long tradition of corner shops and credit, see, Michael J. Winstanley, *The Shopkeeper's World, 1830–1914* (Manchester: Manchester University Press, 1983), pp. 55–6; David Alexander, *Retailing in England during the Industrial Revolution* (London: Athlone Press, 1970), pp. 175–85.
36 Robert Roberts, *A Ragged Schooling* (1976; London: Fontana, 1978), p. 22.
37 Robert Roberts, *The Classic Slum* (Manchester: Manchester University Press, 1971), pp. 12, 60–1.
38 Selina Todd, *The People: The Rise and Fall of the Working Class 1910–2010* (London: John Murray, 2014), p. 203.
39 Kerr, *The People of Ship Street*, p. 95.

40 David Vincent, *Poor Citizens: The State and the Poor in Twentieth-Century Britain* (London: Longman, 1991), p. 186.
41 Margot C. Finn, *The Character of Credit: Personal Debt in English Culture 1740–1914* (Cambridge: Cambridge University Press, 2003), pp. 291–4; Josh Lauer, 'The Good Consumer: Credit Reporting and the Invention of Financial Identity in the United States, 1840–1940', *Enterprise & Society*, 11, 4 (December 2010), pp. 688–9. The Society for the Protection of Trade against Swindlers and Sharpers was founded in London as early as 1776, but a provincial network did not evolve until the 1820s.
42 *Manchester Guardian Society for the Protection of Trade, 1826–1926* (Manchester: Manchester Guardian Society, 1926), p. 4.
43 Finn, *The Character of Credit*, pp. 300–1.
44 C. McNeil Greig, *The Growth of Credit Information: A History of UAPT-Infolink plc* (Oxford: Blackwell, 1992), p. 109.
45 James B. Rule, *Private Lives and Public Surveillance* (London: Allen Lane, 1973), pp. 175–222.
46 Taylor, *Working Class Credit and Community*, pp. 108–42; Edward Higgs, *Identifying the English: A History of Personal Identification, 1500 to the Present* (London: Continuum, 2011), pp. 168–9.
47 Bourke, *Working-Class Cultures in Britain 1890–1960*, p. 86.
48 Judy Giles, *Women, Identity and Private Life in Britain, 1900–50* (Houndmills, Basingstoke: Macmillan, 1995), p. 68. On the enthusiasm of working-class tenants for houses with gardens, see, Mass Observation, *People and Homes*, p. 11.
49 Glendinning and Muthesius, *Tower Block*, p. 2.
50 Stephen Constantine, 'Amateur Gardening and Popular Recreation in the 19th and 20th Centuries', *Journal of Social History*, 14, 3 (Spring 1981), p. 387.
51 Mark Clapson, *Working-Class Suburb: Social Change on an English Council Estate, 1930–2010* (Manchester: Manchester University Press, 2012), pp. 184–7.
52 Geoffrey Gorer, *Exploring English Character* (London: Cresset Press, 1955), p. 43.
53 Margaret Willes, *The Gardens of the British Working Class* (New Haven: Yale University Press, 2014), p. 348.
54 Willes, *Gardens of the British Working Class*, p. 297.
55 Halsey, *Twentieth-Century British Social Trends*, p. 442.
56 Sean O'Connell, *The Car and British Society: Class, Gender and Motoring, 1896–1939* (Manchester: Manchester University Press, 1998), p. 87.
57 Mark Clapson, *Invincible Green Suburbs, Brave New Towns: Social Change and Urban Dispersal in Postwar England* (Manchester: Manchester University Press, 1998), p. 161.
58 Johnson, *Please, Mister Postman*, p. 124.
59 Abrams, 'The Home-Centred Society', p. 915.

60 Asa Briggs, *The BBC: The First Fifty Years* (Oxford: Oxford University Press, 1985), p. 278.
61 James Curran and Jean Seaton, *Power without Responsibility: The Press, Broadcasting and New Media in Britain* (6th edn, London: Routledge, 2003), p. 172; Clapson, *Working-Class Suburb*, p. 184.
62 Andrew Davies, 'Cinema and Broadcasting', in *20th Century Britain: Economic, Social and Cultural Change*, edited by Paul Johnson (London: Longman, 1994), pp. 263–80.
63 White, *The Worst Street in North London*, p. 83.
64 *Report of the Committee on Broadcasting, 1960* [Pilkington] Cmnd 1763 (London: HMSO, 1962), p. 21.
65 *Report of the Committee on Broadcasting, 1960*, p. 15.
66 Claire Langhamer, *The English in Love: The Intimate Story of an Emotional Revolution* (Oxford: Oxford University Press, 2013), p. 111.
67 B. R. Mitchell, *European Historical Statistics 1750–1975* (2nd edn, London: Macmillan, 1981), p. 697; Halsey, *Twentieth-Century British Social Trends*, pp. 444–5.
68 Johnson, *Please, Mister Postman*, p. 15.
69 Leonore Davidoff, Megan Doolittle, Janet Fink and Katherine Holden, *The Family Story: Blood, Contract and Intimacy 1830–1960* (London: Longman, 1999), p. 219.
70 Claude S. Fischer, *America Calling: A Social History of the Telephone to 1940* (Berkeley: University of California Press, 1992), pp. 47, 226.
71 Young and Willmott, *Family and Kinship in East London*, p. 159.
72 Carolyn Marvin, *When Old Technologies Were New: Thinking about Electric Communications in the Late Nineteenth Century* (Oxford: Oxford University Press, 1988), p. 64.
73 Ben B. Lindsey and Wainwright Evans, *The Companionate Marriage* (New York: Brentano, 1928).
74 O'Connell, *The Car and British Society*, p. 43
75 Martin Francis, 'The Domestication of the Male? Recent Research on Nineteenth- and Twentieth-Century British Masculinity', *Historical Journal*, 45, 3 (September 2002), pp. 645–6.
76 Johnson, *Please, Mister Postman*, p. 115. Andy Capp is a comic-strip character, created in 1957 and still carried by the *Daily Mirror* and *Sunday Mirror*. He neither has a job nor does anything around the house. In his later manifestations he and his long-suffering wife Flo are seeing a marriage guidance counsellor (see pp. 97, 113).
77 Davidoff et al., *The Family Story*, p. 216.
78 Langhamer, *The English in Love*, p. 4; David Kynaston, *Family Britain 1951–57* (London: Bloomsbury, 2009), pp. 55–9.
79 Adrian Bingham, *Family Newspapers? Sex, Private Life, and the British Popular Press 1918–1978* (Oxford: Oxford University Press, 2009).
80 Deborah Cohen, *Family Secrets: Living with Shame from the Victorians to the Present Day* (London: Viking, 2013), p. 192.
81 Maroula Joannou, 'Eyles, (Margaret) Leonora (1889–1960)', *Oxford Dictionary of National Biography*, Oxford University Press, 2004,

online edn, January 2012, http://www.oxforddnb.com/view/article/ 56952; Cohen, *Family Secrets*, pp. 194–6.
82 Mass Observation, 'Some Psychological Factors in Home-Building', *File Report 1919* (March 1943).
83 Cited in Kynaston, *Family Britain*, p. 530.
84 Johnson, *This Boy*, pp. 130–1.
85 Marie Stopes, *Married Love*, edited and introduced by Ross McKibbin (1918; Oxford: Oxford University Press, 2004), p. 22.
86 Aylmer Maude, *Marie Stopes: Her Work and Play* (London: Peter Davies, 1933), p. 137.
87 Marie Stopes (ed.), *Mother England: A Contemporary History Self-Written by Those Who Have Had No Historian* (London: J. Bale, 1929), p. 9. See also Ruth Hall's anthology of letters to Marie Stopes: *Dear Dr Stopes: Sex in the 1920s* (London: Deutsch, 1978).
88 David Vincent, *The Culture of Secrecy: Britain 1832–1998* (Oxford: Oxford University Press, 1998), pp. 158–66.
89 Kerr, *The People of Ship Street*, pp. 78–80; Diana Gittins, 'Married Life and Birth Control Between the Wars', *Oral History*, 3, 2 (1975), pp. 54–6; Elizabeth Roberts, *A Woman's Place: An Oral History of Working-Class Women 1890–1940* (Oxford: Blackwell, 1984), pp. 93–100; Davidoff et al., *The Family Story*, pp. 247–9; Bourke, *Working-Class Cultures in Britain 1890–1960*, pp. 32–41; Kynaston, *Family Britain*, pp. 551–2.
90 J. R. England, 'Little Kinsey: An Outline of Sex Attitudes in Britain', *Public Opinion Quarterly*, 13, 4 (1949–50), p. 598.
91 Simon Szreter and Kate Fisher, *Sex Before the Sexual Revolution: Intimate Life in England 1918–1963* (Cambridge: Cambridge University Press, 2010), p. 362.
92 Until the later 1920s, most cars were open to the elements.
93 Edward Higgs, *The Information State in England: The Central Collection of Information since 1500* (Basingstoke: Palgrave Macmillan, 2004), p. 112.
94 Martha Loane, *An Englishman's Castle* (London: Edward Arnold, 1909), p. 1.
95 Loane, *An Englishman's Castle*, pp. 1–2.
96 Lynn Hollen Lees, *The Solidarities of Strangers: The English Poor Laws and the People, 1700–1948* (Cambridge: Cambridge University Press, 1998), pp. 304–5.
97 Bourke, *Working-Class Cultures in Britain 1890–1960*, p. 14; Giles, *Women, Identity and Private Life in Britain*, pp. 66, 100.
98 For a positive estimation of the inspectors' role in an interwar Liverpool slum see Vereker and Mays, *Urban Redevelopment and Social Change*, p. 58.
99 Higgs, *Identifying the English*, pp. 153–6.
100 Sid Elias, *A Practical Guide to the Unemployment Acts* (London: National Unemployed Workers' Movement, [1931?]), pp. 1–14; Vincent, *Poor Citizens*, p. 75.

101 Victor George, *Social Security: Beveridge and After* (London: Routledge and Kegan Paul, 1968), p. 97.
102 Rule, *Private Lives and Public Surveillance*, pp. 122–74.
103 Elizabeth Bott, *Family and Social Network* (London: Tavistock, 1957), p. 100.
104 David Hooper, *Official Secrets: The Use and Abuse of the Act* (London: Secker & Warburg, 1987), pp. 29–31; Richard Thurlow, *The Secret State: British Internal Security in the Twentieth Century* (Oxford: Blackwell, 1995), pp. 37–42; Vincent, *The Culture of Secrecy*, pp. 116–28.
105 Bernard Porter, *The Origins of the Vigilant State* (London: Weidenfeld and Nicolson, 1987), pp. 67–78; Jane Morgan, *Conflict and Order: The Police and Labour Disputes in England and Wales, 1900–1939* (Oxford: Clarendon, 1987), pp. 93–4, 111.
106 *Report of the Committee of Privy Councillors Appointed to Inquire into the Interception of Communications* [Birkett], Cmnd 283 (1957), pp. 7, 29.
107 *Report of the Committee of Privy Councillors* (1957), p. 13.
108 *Report of the Committee of Privy Councillors* (1957), p. 14.
109 *Report of the Committee of Privy Councillors* (1957), p. 27.
110 Intelligence and Security Committee of Parliament, *Privacy and Security: A Modern and Transparent Legal Framework*, HC 1075 (12 March 2015), p. 11.
111 *Report of the Committee of Privy Councillors* (1957), p. 6.
112 Discussed in Deborah Nelson, *Pursuing Privacy in Cold War America* (New York: Columbia University Press, 2002), p. 9; Paul Ginsborg, *Family Politics: Domestic Life, Devastation and Survival 1900–1950* (New Haven and London: Yale University Press, 2014), p. 436.
113 George Orwell, *1984* (1949; Harmondsworth: Penguin, 1954), pp. 109–10.
114 Orwell, *1984*, p. 165.
115 Orwell, *1984*, p. 192.
116 Orlando Figes, *The Whisperers: Private Life in Stalin's Russia* (London: Allen Lane, 2007), pp. 2–10, 160; Oleg Kharkhordin, 'Reveal and Dissimulate: A Genealogy of Private Life in Soviet Russia', in *Public and Private in Thought and Practice: Perspectives on a Grand Dichotomy*, edited by Jeff Weintraub and Krishan Kumar (Chicago: University of Chicago Press, 1997), p. 353.
117 Paul Betts, *Within Walls: Private Life in the German Democratic Republic* (Oxford: Oxford University Press, 2010), p. 3.
118 Sheila Fitzpatrick, *Everyday Stalinism. Ordinary Life in Extraordinary Times: Soviet Russia in the 1930s* (Oxford: Oxford University Press, 1999), p. 165.
119 Roberts, *A Woman's Place*, p. 199; Rule, *Private Lives and Public Surveillance*, p. 156.

120 Robert Gellately, 'Denunciations in Twentieth-Century Germany: Aspects of Self-Policing in the Third Reich and the German Democratic Republic', *Journal of Modern History*, 68, 4 (December 1996), p. 931.
121 Mary Fulbrook, *The People's State: East German Society from Hitler to Honecker* (New Haven: Yale University Press, 2005), pp. 66–7.
122 Jonathan Steele, *Socialism with a German Face* (London: Jonathan Cape, 1977), p. 153.
123 Stephen Lovell, *Summerfolk: A History of the Dacha, 1710–2000* (Ithaca: Cornell University Press, 2003), pp. 122–52; Lawrence-Zuñiga, 'Material Conditions of Family Life', p. 46.
124 Betts, *Within Walls*, p. 14.
125 Gary Bruce, *The Firm: The Inside Story of the Stasi* (Oxford: Oxford University Press, 2010), p. 155.
126 Betts, *Within Walls*, p. 4.
127 Ginsborg, *Family Politics*, p. 443.
128 Orwell, *1984*, p. 53.

第5章 隐私与数字时代（1970—2015）

1 Myron Brenton, *The Privacy Invaders* (New York: Coward-McCann, 1964).
2 Vance Packard, *The Naked Society* (London: Longmans, 1964), pp. 15, 43.
3 David J. Seipp, 'English Judicial Recognition of a Right to Privacy', *Oxford Journal of Legal Studies*, 3, 3 (Winter 1983), pp. 346–7.
4 Walter F. Pratt, *Privacy in Britain* (Lewisburg: Bucknell University Press, 1979), p. 5.
5 Jerry M. Rosenberg, *The Death of Privacy* (New York: Random House, 1969), p. 4.
6 Malcolm Warner and Michael Stone, *The Data Bank Society: Organizations, Computers and Social Freedom* (London: George Allen & Unwin, 1970), p. 225. See also P. Juvigny, 'Modern Scientific and Technological Developments and their Consequences on the Protection of the Right to Respect a Person's Private and Family Life, his Home and Communications', in *Privacy and Human Rights*, edited by A. H. Robertson (Manchester: Manchester University Press, 1973), p. 138.
7 Arthur R. Miller, *The Assault on Privacy: Computers, Data Banks, and Dossiers* (Ann Arbor: University of Michigan Press, 1971), p. 3.
8 Paul E. Ceruzzi, *A History of Modern Computing* (Cambridge, MA: MIT Press, 1998), pp. 14–15; Fritz Machlup, *The Production and Distribution of Knowledge in the United States* (Princeton: Princeton University Press, 1962), p. 319; Pratt, *Privacy in Britain*, pp. 154–6.
9 David Lyon, *The Electronic Eye: The Rise of the Surveillance Society* (Cambridge: Polity, 1994), p. 170.
10 John Naughton, *From Gutenberg to Zuckerberg: What You Really Need to Know about the Internet* (London: Quercus, 2012), pp. 45, 58.

11 For a critical survey of the revived death-of-privacy literature in the 1990s see Amitai Etzioni, *The Limits of Privacy* (New York: Basic Books, 1999), pp. 5–7.
12 On the intensity of the debate at the turn of the century, see Daniel J. Solove, *Understanding Privacy* (Cambridge, MA: Harvard University Press, 2008), p. 5; Patricia Meyer Spacks, *Privacy: Concealing the Eighteenth-Century Self* (Chicago: University of Chicago Press, 2003), p. 1.
13 Respectively by Reg Whittaker (New York: New Press, 1999); Simson Garfinkel (Sebastopol, CA: O'Reilly, 2000); Kieron O'Hara and Nigel Shadbolt (Oxford: Oneworld, 2008).
14 Michael Froomkin, 'The Death of Privacy?', *Stanford Law Review*, 52, 5 (May 2000), p. 1461.
15 David H. Holtzman, *Privacy Lost: How Technology Is Endangering Your Privacy* (San Francisco: Jossey-Bass, 2006), p. xix. Also, Charles J. Sykes, *The End of Privacy* (New York: St Martin's Press, 1999), pp. 4–5.
16 Jacob Morgan, 'Privacy is Completely and Utterly Dead, and We Killed It', Forbes.com (19 August 2014), p. 2. The most recent substantive study of the pervasive threat to privacy is Julia Angwin, *Dragnet Nation: A Quest for Privacy, Security, and Freedom in a World of Relentless Surveillance* (New York: St Martin's Press, 2015), pp. 1–20 and *passim*.
17 Malcolm Bradbury, *The History Man* (1975; London: Picador, 2012), p. 78.
18 Edmund Leach, *A Runaway World?* (London: British Broadcasting Corporation, 1968), p. 44.
19 Lily Pincus and Christopher Dare, *Secrets in the Family* (London: Faber & Faber, 1978), p. 9.
20 On Mark Zuckerberg's alleged utterance of this claim, see Connie Davis Powell, ' "You Already Have Zero Privacy. Get Over It!" Would Warren and Brandeis Argue for Privacy for Social Networking?', *Pace Law Review*, 31, 1 (Winter 2011), pp. 146–81. See also Scott McNealy's much-quoted remark of 1999, 'You have zero privacy anyway. Get over it.'
21 Dave Eggers, *The Circle* (London: Hamish Hamilton, 2013), p. 303.
22 Deborah Cohen, *Family Secrets: Living with Shame from the Victorians to the Present Day* (London: Viking, 2013), p. 235.
23 *Report of the Committee on Privacy* [Younger], Cmnd 5012 (London: HMSO, 1972), p. 10, para. 38. For a discussion of this focus in Younger see Pratt, *Privacy in Britain*, pp. 194–5; Seipp, 'English Judicial Recognition of a Right to Privacy', pp. 329–30.
24 *Report of the Committee on Privacy* (1972), p. 11, para. 22.
25 *Report of the Committee on Privacy* (1972), p. 118, para. 392.
26 *Report of the Committee on Privacy* (1972), p. 16, para. 54.
27 Christena Nippert-Eng, *Islands of Privacy* (Chicago: University of Chicago Press, 2010), p. 284.

28 *Report of the Committee on Privacy* (1972), p. 23, para. 74.
29 Alan F. Westin, 'Some Forecasts Based on US Experience', in *Privacy, Computers and You*, edited by B. C. Rowe (Manchester: National Computing Centre, 1972), p. 54.
30 See above, chapter 3, pp. 58, 77.
31 Amongst the many summaries, see Raymond Wacks, *Privacy: A Very Short Introduction* (Oxford: Oxford University Press, 2010), pp. 57–8.
32 On this emphasis see Judith W. DeCew, *In Pursuit of Privacy: Law, Ethics and the Rise of Technology* (Ithaca: Cornell University Press, 1997), p. 14.
33 Westin, 'Some Forecasts Based on US Experience', p. 54.
34 Martin Campbell-Kelly, 'Historical Reflections: Victorian Data Processing', *Communications of the ACM*, 53, 10 (2010), pp. 19–21.
35 Warner and Stone, *The Data Bank Society*, p. 21.
36 On the 1844 privacy panic, see David Vincent, *I Hope I Don't Intrude: Privacy and its Dilemmas in Nineteenth-Century Britain* (Oxford: Oxford University Press, 2015), pp. 222–3.
37 Claire Langhamer, *The English in Love: The Intimate Story of an Emotional Revolution* (Oxford: Oxford University Press, 2013), p. 4.
38 Göran Therborn, *Between Sex and Power: Family in the World, 1900–2000* (London: Routledge, 2004), p. 163.
39 Office for National Statistics, *Social Trends, No. 41, 2011 Edition* (Newport: National Statistics, February 2011), p. 4.
40 Office for National Statistics, *Social Trends, No. 41* (2011), p. 3.
41 Department for Communities and Local Government, *English Housing Survey: Headline Report* (London: Department for Communities and Local Government, February 2014), p. 70.
42 Department for Communities and Local Government, *English Housing Survey* (February 2014), pp. 28–9.
43 Department for Communities and Local Government, *English Housing Survey* (February 2014), p. 33.
44 Office for National Statistics, *Social Trends 30, 2000 Edition* (London: Stationery Office, 2000), pp. 173–4.
45 Paul Barker, *The Freedoms of Suburbia* (London: Francis Lincoln, 2009), pp. 26–7.
46 *Report of the Committee on Privacy* (1972), p. 26, para. 78.
47 Office for National Statistics, *Social Trends, No. 41* (2011), 'Lifestyles and Social Participation', pp. 3–4.
48 Office for National Statistics, *Social Trends, No. 40, 2010 Edition* (Newport: National Statistics, 2010), p. 170.
49 Office for National Statistics, *Social Trends, No. 41* (2011), 'Transport', p. 10.
50 Kate Fox, *Watching the English: The Hidden Rules of English Behaviour* (London: Hodder, 2004), p. 184.
51 Erving Goffman, *Behaviour in Public Places* (New York: Free Press of Glencoe, 1963), p. 84.

52 John R. Gillis, *A World of Their Own Making: Myth, Ritual and the Quest for Family Values* (Cambridge, MA: Harvard University Press, 1996), pp. 225–8.
53 Office for National Statistics, *Families and Households, 2013* (Newport: National Statistics, 2013), pp. 9–10, 12–13.
54 Langhamer, *The English in Love*, p. 7.
55 Angus McLaren, *Twentieth-Century Sexuality* (Oxford: Blackwell, 1999), p. 174.
56 Office for National Statistics, *Families and Households, 2013*, p. 3.
57 Office for National Statistics, *Families and Households, 2014* (Newport: National Statistics, 2015), p. 4. Data on the number of married same-sex families was not available at the time of writing.
58 Therborn, *Between Sex and Power*, pp. 196–8.
59 Jane Lewis, *The End of Marriage? Individualism and Intimate Relations* (Cheltenham: Edward Elgar, 2001), p. 89.
60 Gillis, *A World of Their Own Making*, p. 238.
61 Anthony Giddens, *The Transformation of Intimacy: Sexuality, Love and Eroticism in Modern Societies* (Cambridge: Polity, 1992), p. 40.
62 Giddens, *The Transformation of Intimacy*, p. 194.
63 Department for Communities and Local Government, *English Housing Survey* (February 2014), p. 33.
64 See the brilliant analysis of front-door etiquette in Nippert-Eng, *Islands of Privacy*, pp. 212–26.
65 Edwin Heathcote, *The Meaning of Home* (London: Frances Lincoln, 2012), p. 21.
66 YouGov, *YouGov/Co-operatives UK Survey Results* (2010), p. 1. http://cdn.yougov.com/today_uk_import/YG-Archives-Life-Coop-Neighbours-130510.pdf.
67 YouGov, *YouGov/Co-operatives UK Survey Results* (2010), pp. 1, 7.
68 YouGov, *Good Neighbours?* (2013), p. 7. http://cdn.yougov.com/cumulus_uploads/document/jwwdrlqsas/YG-Archive-neighbours-results-130513.pdf.
69 Nigel Parton, *Safeguarding Childhood: Early Intervention and Surveillance in a Late Modern Society* (London: Palgrave Macmillan, 2006), pp. 38–9.
70 Catharine A. MacKinnon, *Feminism Unmodified: Discourses on Life and Law* (Cambridge, MA: Harvard University Press, 1987), p. 100.
71 Patricia Boling, *Privacy and the Politics of Intimate Life* (Ithaca: Cornell University Press, 1996), pp. 4–14; Ruth Gavison, 'Feminism and the Public/Private Distinction', *Stanford Law Review*, 45, 1 (November 1992), pp. 1–45.
72 McLaren, *Twentieth-Century Sexuality*, p. 218.
73 *OECD Guidelines on the Protection of Privacy and Transborder Flows of Personal Data* (1980), p. 5. http://www.oecd.org/sti/ieconomy/oecdguidelinesontheprotectionofprivacyandtransborderflowsofpersonaldata.htm.

74 David Feldman, 'Privacy-Related Rights and Their Social Value', in *Privacy and Loyalty*, edited by Peter Birks (Oxford: Clarendon Press, 1997), p. 29.
75 Wacks, *Privacy*, pp. 63–4.
76 Mark Mazower, *Governing the World: The History of an Idea* (London: Allen Lane, 2012), pp. 101–2.
77 Respectively Articles 6 and 10.
78 Article 10.
79 James Michael, *Privacy and Human Rights: An International and Comparative Study, with Special Reference to Developments in Information Technology* (Aldershot: UNESCO, 1994), p. 122.
80 Daniel J. Solove, 'Privacy and Power: Computer Databases and Metaphors for Information Privacy', *Stanford Law Review*, 53, 6 (July 2001), p. 1441.
81 James B. Rule, 'Introduction', in *Global Privacy Protection: The First Generation*, edited by James B. Rule and Graham Greenleaf (Cheltenham: Edward Elgar, 2008), p. 4.
82 The project was eventually adopted by the United Nations. See 'Guidelines Concerning Computerized Personal Data Files' (adopted by the General Assembly 14 December 1990).
83 See, for instance, the 'Data Protection Principles' in the 1984 UK Data Protection Act, p. 35. *Data Protection Act 1984. Chapter 35.* http://www.legislation.gov.uk/ukpga/1984/35/pdfs/ukpga_10840035_en.pdf. On the general programme of reform, see David H. Flaherty, *Protecting Privacy in Two-Way Electronic Services* (London: Mansell, 1985), p. 9.
84 On the balance between convergence and variation, see Colin J. Bennett, *Regulating Privacy: Data Protection and Public Policy in Europe and the United States* (Ithaca: Cornell University Press, 1992), p. 222. On the UK's reluctance to legislate, see Michael, *Privacy and Human Rights*, pp. 100–8.
85 Raymond Wacks, 'Privacy in Cyberspace: Personal Information, Free Speech, and the Internet', in Birks, *Privacy and Loyalty*, p. 109.
86 Council of Europe, *Convention for the Protection of Individuals with Regard to Automatic Processing of Personal Data* (Strasbourg 1981), Preamble. http://conventions.coe.int/Treaty/en/Treaties/Html/108.htm.
87 Lee A. Bygrave, 'International Agreements to Protect Personal Data', in Rule and Greenleaf, *Global Privacy Protection*, pp. 21, 27.
88 *OECD Guidelines* (1980), Preface.
89 Froomkin, 'The Death of Privacy?', p. 1483.
90 Jon L. Mills, *Privacy: The Lost Right* (New York: Oxford University Press, 2008), pp. 226–7.
91 For an account of this event, see Christopher Moran, *Classified: Secrecy and the State in Modern Britain* (Cambridge: Cambridge University Press, 2013), pp. 136–76.

92 For surveys of the Snowden affair, see Luke Harding, *The Snowden Files* (London: Guardian Books and Faber & Faber, 2014); Glenn Greenwald, *No Place to Hide: Edward Snowden, the NSA and the Surveillance State* (London: Hamish Hamilton, 2014).
93 See above, p. 52.
94 Cited in Harding, *The Snowden Files*, p. 12.
95 Laura Poitras (dir.), *Citizenfour* (2014).
96 Intelligence and Security Committee of Parliament, *Privacy and Security: A Modern and Transparent Legal Framework*, HC 1075 (12 March 2015), p. 10.
97 David Anderson, *A Question of Trust: Report of the Investigatory Powers Review* (London: HMSO, June 2015), p. 8.
98 For a fuller exploration of this point see Vincent, *I Hope I Don't Intrude*, p. 245.
99 David H. Flaherty, 'Visions of Privacy: Past, Present, and Future', in *Visions of Privacy: Policy Choices for the Digital Age*, edited by Colin J. Bennett and Rebecca Grant (Toronto: University of Toronto Press, 1999), p. 23.
100 Clive Norris, 'There's No Success Like Failure and Failure's No Success At All: Some Critical Reflections on the Global Growth of CCTV Surveillance', in *Eyes Everywhere: The Global Growth of Camera Surveillance*, edited by Aaron Doyle, Randy Lippert and David Lyon (London: Routledge, 2012), p. 25.
101 Benjamin J. Goold, *CCTV and Policing: Public Area Surveillance and Police Practices in Britain* (Oxford: Oxford University Press, 2004), pp. 1–2, 108–9, 116–20.
102 Kelly A. Gates, *Our Biometric Future: Facial Recognition Technology and the Culture of Surveillance* (New York: New York University Press, 2011), p. 198.
103 Howard Rheingold, *The Virtual Community: Homesteading on the Electronic Frontier* (Cambridge, MA: MIT Press, 2000), pp. 315–16.
104 Adam Fox and Daniel Woolf, 'Introduction', in *The Spoken Word: Oral Culture in Britain 1500–1850*, edited by Adam Fox and Daniel Woolf (Manchester: Manchester University Press, 2002), pp. 8, 21.
105 Naughton, *From Gutenberg to Zuckerberg*, p. 138. See, for instance, Anderson and Tracey's study of how the early embrace of the internet added to rather than displaced existing patterns of communication: Ben Anderson and Karina Tracey, 'Digital Living: The Impact (or Otherwise) of the Internet on Everyday British Life', in *The Internet in Everyday Life*, edited by Barry Wellman and Caroline Haythornthwaite (Oxford: Blackwell, 2002), p. 149.
106 Office for National Statistics, *Social Trends, No. 41* (2011), 'Lifestyles and Social Participation', p. 3. The data was generated in response to the question put to adults of 18 and over, 'How often … do you contact a close friend, relative or someone else close to you (apart from your spouse or partner) about how you're feeling or just to catch up?'

107 Robert S. Laufer and Maxine Wolfe, 'Privacy as a Concept and a Social Issue: A Multidimensional Development Theory', *Journal of Social Issues*, 33, 3 (1977), p. 37; Adam D. Moore, 'Privacy: Its Meaning and Value', *American Philosophical Quarterly*, 40, 3 (July 2003), pp. 222–3.
108 Mary Madden, Amanda Lenhart, Sandra Cortesi, Urs Gasser, Maeve Duggan, Aaron Smith and Meredith Beaton, *Teens, Social Media and Privacy* (Washington, DC: Pew Research Centre, 2013), p. 8.
109 See above, p. 49.
110 James B. Rule, *Private Lives and Public Surveillance* (London: Allen Lane, 1973), p. 336.
111 Dana Boyd, *It's Complicated: The Social Lives of Networked Teens* (New Haven: Yale University Press, 2014), p. 56.
112 Sonia Livingstone, 'Taking Risky Opportunities in Youthful Content Creation: Teenagers' Use of Social Networking Sites for Intimacy, Privacy and Self Expression', *New Media and Society*, 10, 3 (2008), p. 404.
113 Boyd, *It's Complicated*, p. 69.
114 Madden et al., *Teens, Social Media and Privacy*, p. 9.
115 Reported in Carmen Fishwick and Hannah Freeman, 'What Teenagers Think About Facebook's New Privacy Controls', *Guardian*, 25 October 2013.
116 Niklas Luhmann, *Introduction to Systems Theory* (Cambridge: Polity, 2013), pp. 212–32.
117 Daniel J. Solove, *The Future of Reputation: Gossip, Rumor, and Privacy on the Internet* (New Haven: Yale University Press, 2007), p. 165.
118 See, for instance, the argument in Barry Schwartz, 'The Social Psychology of Privacy', *American Journal of Sociology*, 75, 6 (May 1968), pp. 741–52.
119 Helen Nissenbaum, *Privacy in Context: Technology, Policy, and the Integrity of Social Life* (Stanford: Stanford University Press, 2010), p. 129 and *passim*.
120 Whether the term 'consent' has meaning any more in such transactions is addressed by James B. Rule, *Privacy in Peril* (Oxford: Oxford University Press, 2007), pp. 170–83. On the widespread sense that users lack sufficient control in the transactions, see 'Attitudes on Data Protection and Electronic Identity in the European Union', *Special Eurobarometer 359* (Brussels: European Commission, June 2011), p. 2; Mary Madden, *Public Perceptions of Privacy and Security in the Post-Snowden Era* (Washington, DC: Pew Research Centre, November 2014), Summary; ComRes/Big Brother Watch, *UK Public Research: Online Privacy* (London: Big Brother Watch, October 2013), p. 3.
121 Priscilla M. Regan, *Legislating Privacy* (Chapel Hill: University of North Carolina Press, 1995), p. 212.
122 Benjamin J. Goold, 'Surveillance and the Political Value of Privacy', *Amsterdam Law Forum*, 4 (2009), p. 4.

123 Solove, *Understanding Privacy*, p. 91.
124 Jeffrey Rosen, *The Unwanted Gaze: The Destruction of Privacy in America* (New York: Vintage, 2001), p. 8; Vincent, *I Hope I Don't Intrude*, p. 246,
125 Cited in Ronald Bergan, *Francis Coppola* (London: Orion, 1998), p. 44.
126 On the name, see Peter Cowie, *Coppola* (London: Faber & Faber, 1998), p. 86.
127 Dennis Turner, 'The Subject of "The Conversation"', *Cinema Journal*, 24, 4 (Summer 1985), p. 5; Lawrence Shaffer, 'The Conversation by Francis Ford Coppola', *Film Quarterly*, 28, 1 (Autumn 1974), p. 58.
128 Robert Phillip Kolker, *A Cinema of Loneliness: Penn, Kubrick, Coppola, Scorsese, Altman* (New York: Oxford University Press, 1980), p. 201.